Macher vieler Dinge

Eva March Tappan

Writat

Diese Ausgabe erschien im Jahr 2023

ISBN: 9789359251073

Herausgegeben von
Writat
E-Mail: info@writat.com

Inhalt

VORWORT

Die vier Bücher dieser Reihe wurden nicht nur geschrieben, um Kindern eine angenehme Lektüre zu bieten, sondern ihnen auch Informationen zu geben. Wenn ein Kind einen Stahlstift nicht nur als einen von der Stadt für seinen Gebrauch bereitgestellten Gegenstand betrachten kann, sondern vielmehr als das Ergebnis vieler interessanter Prozesse, hat es einen deutlichen Intelligenzzuwachs gemacht. Als er begonnen hat, die Fruchtbarkeit der Erde sowohl über als auch unter der Erde zu begreifen und zu verstehen, wie ihre Produkte am besten genutzt und an die Orte gebracht werden können, an denen sie benötigt werden, hat er nicht nur Kenntnisse über viele Arten davon erworben Das industrielle Leben mag ihm dabei helfen, sein Lebenswerk mit Bedacht auszuwählen, aber er hat die Abhängigkeit einer Person von anderen Personen, eines Teils der Welt von anderen Teilen und die Notwendigkeit eines friedlichen Verkehrs gelernt. Das Beste von allem ist, dass er gelernt hat zu sehen. Wordsworths vertraute Zeilen sagen von einem Mann, dessen Augen nicht geöffnet worden waren:

„Eine Primel am Rande eines Flusses.
Eine gelbe Primel war für ihn, und mehr war sie nicht."

Diese Bücher sollen den Kindern zeigen, dass es „etwas mehr" gibt; ihren Horizont erweitern; ihnen zu zeigen, was Erfindungen erreicht haben und welcher große Spielraum für Erfindungen noch besteht; ihnen beizubringen, dass derjenige belohnt wird, der seine Leistung über die momentane Aufgabe hinaus steigert; und dieser Erfolg wartet nicht auf den, der arbeitet, weil er muss, sondern auf den, der arbeitet, weil er darf.

Dank geht an Diamond Match Company, Hood Rubber Company, S. D. Warren Paper Company, The Riverside Press, E. Faber, C. Howard Hunt Pen Company, Waltham Watch Company, Mark Cross Company, I. Prouty & Company, Cheney Brothers, und andere, deren Ratschläge und Kritik bei der Erstellung dieses Bandes eine äußerst wertvolle Hilfe waren.

EVA MARCH TAPPAN.

DAS INDUSTRIELESERBUCH

III

Ich bin

das kleine Reibungsspiel

Ich erinnere mich, dass ich einmal zehn Meilen von einem Geschäft und eine Meile von einem Nachbarn entfernt war; Das Feuer war in der Nacht erloschen und das letzte Streichholz brannte nicht mehr. Wir hatten weder Feuerstein noch Stahl. Wir waren weder Indianer noch Pfadfinder und wussten nicht, wie man mit einem Stock ein Feuer macht. Es blieb nichts anderes übrig, als durch den Schnee zum Nachbarn zu stapfen, der eine Meile entfernt war, und um ein paar Streichhölzer zu betteln. Damals war die Zeit gekommen, in der wir das kleine Streichholz schätzten und mit tiefem Respekt an die Männer dachten, die es erfunden und perfektioniert hatten.

Vom sicheren und zuverlässigen Streichholz von heute bis zu den Splittern, die mit Chemikalien getränkt und zusammen mit kleinen Fläschchen Schwefelsäure verkauft wurden, ist es ein weiter Weg . Es wurde erwartet, dass der Splitter aufflammte, wenn er in die Säure getaucht wurde. Manchmal brannte es, manchmal nicht; Aber es war einigermaßen sicher, wie sich die Säure verhalten würde, denn sie würde immer spritzen und ihr Bestes geben, um jemandem die Kleidung zu verderben. Dennoch galten auch solche Streichhölzer als wunderbare Annehmlichkeit und wurden für fünf Dollar pro Hundert verkauft. Beim nächsten Streichholz, das auftauchte, wurde ein Stück gefaltetes Sandpapier verkauft, und der Käufer wurde aufgefordert, es fest zusammenzudrücken und das Streichholz durch die Falte zu ziehen. Diese Streichhölzer waren erstaunlich günstig – vierundachtzig davon für nur fünfundzwanzig Cent! Es gab alle möglichen seltsamen Spiele. Eine Art hatte am Ende tatsächlich eine winzige Glaskugel voller Schwefelsäure . Um dies anzuzünden, musste man die Kugel kneifen, und die dabei freigesetzte Säure wirkte auf die anderen Chemikalien auf dem Streichholz und entzündete es – oder man erwartete von ihr, dass sie es entzündete, was nicht immer dasselbe war.

Streichhölzer herzustellen ist ein großes Geschäft, auch wenn hundert davon für einen Cent verkauft werden. Es wird geschätzt, dass jeder Mensch im Durchschnitt sieben Streichhölzer pro Tag nutzt. Um so viele Spiele bereitzustellen, wären allein in diesem Land etwa siebenhundert Millionen Spiele pro Tag erforderlich. Es scheint eine sehr einfache Sache zu sein, einen Holzsplitter abzuschneiden, ihn in Chemikalien zu tauchen und ihn zum Verkauf in eine Kiste zu packen; und es wäre einfach, wenn alles von Hand gemacht würde, aber die Streichhölzer wären auch unregelmäßig und extrem teuer. Der Weg, etwas billig und einheitlich zu machen, besteht darin, es maschinell herzustellen.

DIE ENDLOSE STREICHHOLZMASCHINE

Die Streichholzschienen werden wie Nadeln in einem Nadelkissen in winzige Löcher gesteckt, und der Riemen dreht sich, wobei ihre Köpfe durch verschiedene Chemikalien geführt werden.

Der erste Schritt bei der Herstellung von Streichhölzern besteht darin, ein hochwertiges Weißkiefernbrett auszuwählen und es in Blöcke der richtigen Größe zu schneiden. Diese werden einer Maschine zugeführt, die scharfe Stempel durch sie hindurchschiebt und so die Streichholzschienen schneidet. Über dem Splintschneider bewegt sich kontinuierlich eine Trägerkette, und in Löcher dieser Kette werden die Enden der Streichholzschienen mit einer Geschwindigkeit von zehntausend bis zwölftausend pro Minute gedrückt.

Die Schienen bleiben etwa eine Stunde in der Kette und in dieser Stunde passieren ihnen allerhand Dinge. Zunächst werden sie in heißes Paraffinwachs getaucht, denn dieses lässt sich noch leichter entzünden als Holz. Sobald das Wachs trocken ist, transportiert die fleißige Kette es über eine Tauchwalze, die mit einer Schicht aus teilweise Leim und Kolophonium bedeckt ist. Jetzt spielen Luftströme auf der Schiene, und in etwa zehn Minuten sind der Leim und das Kolophonium an einem Ende der Schiene zu einer harten Knolle ausgehärtet. Es ist noch keineswegs ein Streichholz, denn durch Kratzen würde es nicht leicht werden. Der Phosphor, der zu einem Streichholz verarbeitet werden soll, befindet sich auf einer anderen Tauchwalze. Dabei handelt es sich um Sesquisulfid von Phosphor. Der gewöhnliche gelbe Phosphor ist giftig und die Arbeiter in den Streichholzfabriken, in denen er verwendet wurde, liefen Gefahr, an einer schrecklichen Erkrankung des Kieferknochens zu erkranken. Schließlich stellte sich heraus, dass Sesquisulfid von Phosphor genauso gut passte und harmlos war. Unser größtes Streichholzunternehmen war Inhaber des Patents, das ihm das ausschließliche Recht auf bestimmte Verfahren zur Herstellung des Sesquisulfids verschaffte; und dieses Patent überließen sie großzügig dem Volk der Vereinigten Staaten.

Nachdem die Schienen in das Phosphorpräparat getaucht wurden, werden sie auf der Kette vertikal, horizontal, auf der Außenseite einiger Räder und auf der Innenseite anderer sowie durch Luftströme herumgetragen. Anschließend werden sie einer in Abschnitte unterteilten Kette übergeben, die sie zu einer Verpackungsmaschine transportiert. Diese Maschine verpackt sie in Kartons, eine bestimmte Anzahl in jedem Karton, und sie werden zu Mädchen heruntergeschoben, die die Kartons zu Paketen verarbeiten. Diese werden in Holzbehälter verpackt und stehen zum Verkauf bereit.

Wie bei den meisten Manufakturen müssen diese Prozesse mit großer Sorgfalt und Genauigkeit durchgeführt werden. Das Holz muss sorgfältig ausgewählt sein und eine gerade Maserung haben, die Tauchwalzen müssen mit frischem Massematerial bedeckt sein und die Tiefe muss immer gleichmäßig sein. Auch die Luftströme, in denen die Schienen getrocknet werden, müssen gerade warm genug sein, um sie zu trocknen, und gerade feucht genug, um sie nicht zu schnell auszutrocknen.

Die alten Schwefelstreichhölzer aus „Karte und Block" sind hierzulande nicht mehr zu kaufen; Das Sicherheitsmatch ist an ihre Stelle getreten. Bei einer Art von Sicherheitsstreichholz befindet sich Phosphor auf der Schachtel und bei der anderen Art befinden sich zündfähige Substanzen auf dem Streichholz, sodass das Streichholz nur dann zündet, wenn es auf der Schachtel zerkratzt ist. aber diese Sorte war in den Vereinigten Staaten noch nie ein Favorit. Die zweite Art, die üblicherweise verwendet wird, kann überall angezündet werden, aber diese Streichhölzer sind sicher, da sie selbst dann nicht entzündet werden, wenn man darauf tritt. es muss zerkratzt sein.

Ein Streichholz ist eine Kleinigkeit, aber nichts anderes kann seinen Zweck erfüllen.

II

ÜBER INDIENKAUTSCHUK

Wenn Sie einen Löwenzahn oder eine Wolfsmilch pflücken, sickert eine weiße, klebrige „Milch" heraus; und das sieht genauso aus wie der Saft der verschiedenen Arten von Bäumen, Sträuchern und Weinreben, aus denen Kautschuk hergestellt wird. Die „Gummipflanze", die in Häusern so beliebt ist, ist eine davon; In Indien wird es zu einem großen Baum, der die eigentümliche Angewohnheit hat, von seinen Zweigen herabzufallen, sogenannte „Buschseile". Diese schlagen Wurzeln und werden zu kräftigen Stämmen. Es gibt buchstäblich einen „Gummigürtel" rund um die Welt, denn fast der gesamte Kautschuk stammt aus den Ländern zwischen dem Wendekreis des Krebses und dem Wendekreis des Steinbocks. Mehr als die Hälfte aller auf den Markt gebrachten Produkte wird im Tal des Amazonas produziert; und einige dieser „Para-Gummi", wie sie genannt werden, stammen aus dem Seehafen, von dem aus sie verschifft werden, zu den besten der Welt.

Mit freundlicher Genehmigung von General Rubber Co.

Anzapfen von Gummibäumen in Sumatra

Die Plantage, auf der dieses Foto aufgenommen wurde, verfügt über 45.000 Hektar gepflanzte Gummibäume und beschäftigt 14.000 Kulis.

Der Saft oder Milchsaft fließt am besten bei Sonnenaufgang, daher müssen die Einheimischen, die ihn sammeln, Frühaufsteher sein. Sie machen kleine Schnitte in die Rinde des Baumes, kleben mit etwas Lehm eine kleine Vertiefung unter jeden Schnitt und ziehen weiter durch den Wald zum nächsten Baum. Manchmal machen sie schmale V-förmige Schnitte in der

Rinde, einer über dem anderen, aber alle münden in einem senkrechten Kanal, der zum Fuß des . Später am Tag leeren die Sammler die Becher in große Krüge und tragen sie ins Lager.

Wenn der Gummisaft das Lager erreicht, wird er in eine große Schüssel gegossen. Die Männer machen ein Feuer aus Stöcken und fügen immer viele Palmnüsse hinzu, die ölig sind und viel Rauch erzeugen. Über dem Feuer stellen sie ein irdenes Gefäß in Form eines Kegels, jedoch ohne Deckel und Boden. Jetzt beginnt die Arbeit. Es ist ein Glück, dass dies im Freien geschehen kann und der Mann auf der Luvseite sitzen kann, denn der Rauch steigt durch das kleinere Loch dick und schwarz und erstickend auf. Der Mann nimmt einen Stock in Form eines Paddels, taucht ihn in die Schüssel, hält ihn in den Rauch und die Hitze und dreht ihn immer wieder schnell, bis das Wasser fast aus dem Gummi ausgetrocknet ist und es nicht mehr milchig, sondern dunkel ist -farbig. Dann taucht er dieses Paddel immer wieder ein. Mit jedem Eintauchen wird es schwerer, aber er macht weiter, bis er fünf oder sechs Pfund Gummi hat. Mit einem nassen Messer schneidet er diese ab und stellt daraus sogenannte „Kekse" her. Nach vielen Jahren dieser Art von Arbeit fand jemand heraus, dass ein Mann einen viel größeren Keks herstellen konnte, indem er ein Ende einer Stange in einen Stock steckte und das andere in der Hand hielt.

Lange Zeit dachte man, dass Gummibäume nicht kultiviert werden könnten. Eine Schwierigkeit bei der Aussaat aus ihrer ursprünglichen Heimat besteht darin, dass die Samen so reich an Öl sind, dass sie ungewöhnlich schnell ranzig werden. Schließlich wurde jedoch eine Ladung davon in durchbrochenen Körben zwischen Schichten getrockneter wilder Bananenblätter verpackt und in durchbrochenen Kisten an Deck gehängt , um genügend Luft zu haben. Auf diese Weise wuchsen bald siebentausend gesunde kleine Pflanzen in England und wurden von dort nach Ceylon und in den Osten gebracht.

Auf den Kautschukplantagen ist das Sammeln von Saft von nahe beieinander stehenden Bäumen und im offenen Gelände etwas ganz anderes, als sich einen schmalen Pfad zu bahnen und sich einen Weg durch einen südamerikanischen oder afrikanischen Dschungel zu bahnen. Die Rinde der Bäume ist im Fischgrätenmuster geschnitten. Der Sammler schneidet einfach ein dünnes Stück von der Rinde ab und sofort beginnt Milch herauszulaufen.

Auf den großen Plantagen des Ostens wird der Kautschuk hauptsächlich von Chinesen und Indern gesammelt. Ihnen wird sorgfältig beigebracht, wie man auf die Bäume klopft. Sie beginnen vier bis fünf Fuß über dem Boden und arbeiten sich nach unten vor, wobei sie bei jedem Besuch die dünnstmögliche Scheibe abschneiden. Wenn sie fast den Boden erreicht haben, beginnen sie auf der gegenüberliegenden Seite des Stammes; und bis sie auf dieser Seite den Boden erreicht haben, hat sich die Rinde auf der ersten Seite erneuert. Der Latex wird abgeseiht und mit etwas Säure, meist Essigsäure, vermischt, um ihn zu koagulieren oder einzudicken. Anschließend wird es zwischen Rollen geführt, in einem Trockenhaus und im Allgemeinen in einer Räucherei aufgehängt.

Der Gummi kommt in Ballen oder Kisten im Werk an. Zunächst muss es gründlich gewaschen werden, um Sand, Laub- und Holzreste zu entfernen . Eine Maschine namens „Waschmaschine" erledigt diese Arbeit. Es drückt den Gummi zwischen gerillte Rollen, die ihn aufbrechen; Und da dies unter einem Wasserstrahl geschieht, ist das Gummi viel sauberer, wenn es herauskommt. Eine andere Maschine macht es noch sauberer und formt daraus lange Blätter mit einer Breite von etwa 60 cm.

Nachdem Sie den Gummi gründlich angefeuchtet haben, müssen Sie ihn im nächsten Schritt gründlich trocknen. Die alte Methode bestand darin, es mehrere Wochen lang aufzuhängen. Die neue Methode besteht darin, es in Streifen zu schneiden, auf Stahlbleche zu legen und in einen Vakuumtrockner zu legen. Dieser wird heiß gehalten und die im Gummi enthaltene Feuchtigkeit wird entweder verdampft oder von einer Vakuumpumpe abgesaugt. Es durchläuft nun eine weitere Maschine, ähnlich der Waschmaschine, und wird zu Platten geformt. Die quadratischen Fäden, aus denen das elastische Gurtband hergestellt wird, können aus diesen Blättern geschnitten werden. Manchmal wird das Blatt jedoch auf eine Eisentrommel gewickelt, durch Einlegen in heißes Wasser vulkanisiert, leicht mit Schellack lackiert, um es zu versteifen, und dann auf einen Holzzylinder gewickelt. und in quadratische Fäden schneiden. Durch Kochen in Natronlauge wird der Schellack entfernt. Um runde Fäden herzustellen, wird weicher Gummi durch eine Matrize gepresst. Gummibänder werden hergestellt, indem man eine Gummiplatte in einen Schlauch einklebt und diese dann auf die gewünschte Breite abschneidet. Spielzeugballons werden aus diesem Gummi hergestellt. Zwei Teile werden ausgestanzt und mit einer besonders lauten Maschine zusammengefügt, anschließend wird der Ballon mit Druckluft ausgeblasen.

Zu Beginn des 19. Jahrhunderts war bekannt, dass Gummi Wasser abhält, aber es war klebrig und unhandlich. Nach einer Weile gelang es einem schottischen Chemiker namens McIntosh, Gummi in Naphtha aufzulösen und es zwischen zwei Stofflagen zu verteilen . Deshalb wird den auf diese Weise hergestellten Regenmänteln sein Name gegeben. Auch Überschuhe bestanden aus reinem Kautschuk, der über Lehmleisten gegossen wurde, die nach dem Trocknen des Kautschuks zerbrochen wurden. Diese Überschuhe waren wasserdicht, das ließ sich nicht leugnen; aber sie waren schwer und unförmig und formlos. Als sie abgehoben wurden, standen sie nicht auf, sondern fielen sofort um. Bei heißem Wetter wurden sie so klebrig, dass sie im Keller aufbewahrt werden mussten; und im Winter wurden sie steif und unelastisch, aber sie nutzten sich nie ab. Die Frage war, wie man die unerwünschten Eigenschaften loswird und die wünschenswerten nicht verliert. Man fand heraus, dass die unangenehme Klebrigkeit verschwinden würde, wenn man Schwefel mit Gummi vermischte; Aber der Gummi schmolz und gefriere abwechselnd, bis ein Amerikaner namens Charles Goodyear entdeckte, dass der Gummi elastisch blieb, wenn er mit Schwefel vermischt über mehrere Stunden einer Hitze von etwa 300 °F ausgesetzt wurde klebrig und würden weder Hitze noch Kälte mehr angreifen. Aus diesem Grund sieht man auf der Unterseite von Gummis oft den Namen Goodyear.

Gummiüberschuhe wurden sofort verbessert. Bei der Herstellung wird der Kautschuk mit Schwefel , Wittling, Litharge und mehreren anderen Substanzen vermischt. Eine ehrliche Firma fügt nur solche Materialien hinzu, die dazu beitragen, dass sich der Gummi leichter formen lässt oder ihn auf irgendeine Weise verbessert. Leider werden Substanzen oft nicht zu diesem Zweck hinzugefügt, sondern um das Gewicht und den scheinbaren Wert der Artikel zu erhöhen. Deshalb verschleißen beispielsweise manche Gummi-Überschuhe deutlich schneller als andere.

Zur Herstellung eines Überschuhs wird der Gummi durch Walzen geführt und zu dicken Schichten für die Sohle und dünneren Schichten für das Obermaterial geformt. Eine weitere Maschine beschichtet den Stoff, der für Futter und Stege verwendet wird, mit Gummi. Gummi und gummierter Stoff kommen in den Zuschnittraum, wo die verschiedenen Teile der Schuhe ausgeschnitten werden. Anschließend werden sie zusammengesetzt und lackiert. Noch während des Trocknens werden sie in einen Lacktank getaucht und vulkanisiert – eine sehr einfache Sache, nachdem Goodyear uns gezeigt hat, wie es geht, denn sie werden lediglich acht oder zehn Stunden lang in großen, gut erhitzten Öfen belassen. Der Gummischuh oder -stiefel ist nun elastisch, stark, wasserdicht, für jede Temperatur geeignet und mit Gummikitt so fest verklebt, dass praktisch alles aus einem Stück besteht.

In den letzten Jahren kam es immer wieder zu Aufrufen verschiedener Wohltätigkeitsorganisationen nach alten Gummiüberschuhen, Gummischlauchstücken usw. Diese sind für die Gummiherstellung von erheblichem Wert. Sie laufen durch eine Maschine, die sie in Stücke reißt, und dann durch eine Art Fächermühle, die die Futterreste wegbläst. Von Nägeln oder Nieten können winzige Eisenstücke vorhanden sein; diese lassen sich aber durch Magnete leicht entfernen. Dieser „wiedergewonnene" Gummi wird pulverisiert und mit dem neuen vermischt, und für manche Zwecke ist die Mischung sehr gut geeignet. Kautschukimitationen wurden durch Erhitzen von Öl aus Leinsamen, Hanf, Mais usw. mit Schwefel hergestellt ; Aber kein Ersatz für Gummi ist für alle Anwendungen ein Erfolg.

Klicken Sie hier, um eine größere Version dieses Fotos zu sehen.

Mit freundlicher Genehmigung von US Tire Co.

WIE GUMMI DURCH DIE FABRIK GEHT

Para-Kekse spalten, Gummi mischen, Gummigewebe auf Zylinder rollen und Reifen auf den Reifenmaschinen bauen.

Es gibt viele kleine Annehmlichkeiten aus Gummi, die wir dringend vermissen sollten, wie zum Beispiel die kleinen Spitzen, die in die

Bleistiftenden gesteckt werden, um Bleistiftstriche zu löschen. Diese werden hergestellt, indem eine Form mit Gummi gefüllt wird. Gummikorken werden auf die gleiche Weise hergestellt. Spitzen für Stuhlbeine werden in einer zweiteiligen Form hergestellt, die unten größer ist als oben und mit einem Stößel versehen ist, der fast in das kleine Ende passt. An Stuhlspitzen und in dem becherförmigen Radiergummi, der über die Enden einiger Bleistifte geschoben wird, sieht man oft die „Flosse", wie die Glasarbeiter es nennen, an der Stelle, an der die beiden Teile der Form nicht genau passten . Gummi kann nicht wie Eisen geschmolzen und in Formen gegossen werden , sondern kann sanft erhitzt und erweicht und dann in eine Form gepresst werden . Auf diese Weise werden Gummistempel hergestellt. Die Herstellung von Gummiabsätzen und -sohlen ist heute ein großer Industriezweig; Schläuche für die Bewässerung sowie für Vakuum- und Westinghouse-Bremsen werden in zunehmenden Mengen hergestellt. Die Herstellung von Gummireifen für Autos und Kutschen ist ein wichtiger Wirtschaftszweig. Der enorme und zunehmende Stromverbrauch erfordert den Einsatz von Gummi als Isolator. Gummihandschuhe schützen einen Elektriker vor Stößen und einen Chirurgen vor Infektionen. Gummibetten und mit Luft gefüllte Kissen sind ein großer Trost bei Krankheit. Gummi hat großartige und wichtige Verwendungsmöglichkeiten; aber wir sollten vielleicht genauso sehr auf die kleinen Annehmlichkeiten und Annehmlichkeiten verzichten, die es ermöglicht hat.

Gummi und Guttapercha sind keineswegs die gleiche Substanz. Beide bestehen aus dem milchigen Saft von Bäumen, jedoch von völlig unterschiedlichen Bäumen. Die Guttapercha-Milch wird auf absurd verschwenderische Weise gesammelt, nämlich durch das Fällen der Bäume und das Auskratzen des Saftes. Wenn dieser Saft auf den Markt kommt, liegt er in großen rötlichen Klumpen vor, die wie Kork aussehen und nach Käse riechen. Es muss gereinigt, durch eine Maschine geleitet werden, die es in Stücke reißt, und dann zwischen Walzen, bevor es zur Herstellung bereit ist. Es ist nicht elastisch wie Gummi; es kann gedehnt werden; aber es schnappt nicht wieder zurück, wie es bei Gummi der Fall ist. Es ist ein bemerkenswert guter Nichtleiter für Elektrizität und wird daher im Allgemeinen zum Schutz von Meereskabeln verwendet, obwohl in letzter Zeit Gummi an seine Stelle getreten ist. Es eignet sich besonders gut für Abgüsse, denn wenn es warm ist, ist es nicht klebrig, sondern wird so weich, dass man die kleinsten Schimmelspuren erkennen kann . Es ist die beste Schiene für einen gebrochenen Knochen. Wenn sich ein Junge den Arm bricht, kann ein Chirurg ein Stück Guttapercha in heißes Wasser legen, den Knochen fixieren, die aufgeweichte Guttapercha als Schiene anbinden und in wenigen Minuten in die exakte Form bringen der Arm, aber so steif, dass der Knochen an Ort und Stelle bleibt. Ein weiterer guter Dienst, den Guttapercha dem Arzt leistet, ergibt sich aus seiner Bereitschaft, sich in

Chloroform aufzulösen. Wenn die Haut abgerissen wird und eine raue Oberfläche zurückbleibt, kann diese gelöste Guttapercha darüber gegossen werden, und schon bald ist sie durch eine künstliche Haut geschützt, die die Luft vom rohen Fleisch abhält und der echten Haut die Möglichkeit gibt, wieder zu wachsen .

III

„KID"-HANDSCHUHE

Es gibt ein altes Sprichwort, das besagt: „Für einen guten Handschuh muss Spanien das Leder verarbeiten, Frankreich muss es schneiden und England muss es nähen." Viele Paare der besten Handschuhe haben noch nie eines dieser Länder gesehen, aber die Moral des Sprichworts bleibt bestehen, nämlich dass es viel Arbeit und Sorgfalt erfordert, um einen wirklich guten Handschuh herzustellen.

Die ersten in den Vereinigten Staaten hergestellten Handschuhe bestanden aus dickem Wildleder, da im Wald und auf dem Land viel schwere Arbeit zu verrichten war. Die Haut wurde nach indianischer Art gegerbt, indem man sie in die Fleischseite des Hirschgehirns rieb – obwohl es ein Rätsel ist, wie die Indianer jemals auf die Idee kamen, sie zu verwenden. Später versuchten die Weißen, sich mit Schweinehirnen zu bräunen; Aber so wertvoll das Gehirn eines Schweins für ihn auch sein mag, es enthält nicht die Eigenschaften von Soda, die das Gehirn eines Hirsches für diesen Zweck nützlich machten.

HÄUTE ZU HANDSCHUHEN SCHNEIDEN

Die Häute werden in Gestellen aufbewahrt und vor dem Schneiden von Hand gespannt. Dann schneidet die Stahlstanze die Form des Handschuhs aus. Beachten Sie den seltsam geformten Schnitt für den Daumen.

Als ein Mann vor Jahren damit begann, Handschuhe herzustellen, meist nur ein paar Dutzend Paar, schnitt er ein Muster aus einer Schindel oder einem Stück Pappe aus, legte es auf eine Haut, markierte es und schnitt es mit einer Schere aus. Bleistifte waren nicht üblich, aber der Handschuhmacher war durchaus bereit, seine eigenen Bleistifte herzustellen. Er schmolz etwas Blei, ließ es in einen Spalt im Küchenboden laufen – und Risse gab es in Hülle und Fülle – und benutzte dann dieses „Lot", wie es genannt wurde, als Markierung. Nachdem er das große Stück für die Vorder- und Rückseite des Handschuhs zugeschnitten hatte, schnitt er aus den verbleibenden Resten die „Fourchettes" oder *Gabeln heraus* ; das sind die schmalen Streifen, die die Seiten der Finger bilden. Kleinere Fetzen wurden eingelegt, um die Nähte zu rahmen; und das alles ging in großen Bündeln zu den Bauernhäusern, wo sie von den Frauen und Töchtern der Bauern genäht wurden, um Nadelgeld zu verdienen. Wenn es sich bei den Handschuhen um die vornehmsten Vertreter der Hirschlederrasse handeln sollte, wurde dem Bündel ein Knäuel Seide hinzugefügt, mit dem eine schlanke Ranke auf dem Handrücken gearbeitet werden sollte. Das Nähen erfolgte mit einer dreiseitigen Nadel an der Spitze und es wurde ein fester, gewachster Faden verwendet. Eine solche

Nadel ging leichter hinein als eine runde, aber selbst dann war es ziemlich mühsam, sie durch drei Dicken dickes Wildleder zu stechen. Wenn der Abwasserkanal außerdem die Nadel zu nahe an der Spitze erfasste, war es wahrscheinlich, dass die scharfen Kanten kleine Schnittwunden in ihren Fingern hinterließen.

Nach einer Weile wurden Nähmaschinen erfunden und Fabriken gebaut, und jetzt sind in einem einzigen Landkreis des Staates New York viele tausend Menschen damit beschäftigt, verschiedene Arten von Lederbezügen für ihre eigenen Hände und die anderer Leute herzustellen. Es wurden bessere Gerbmethoden entdeckt und heute werden viele Lederarten verwendet, insbesondere für schwerere Handschuhe. Hirsche sind nicht mehr so verbreitet wie früher, und ein „Wildleder"-Handschuh wurde höchstwahrscheinlich aus der Haut einer Kuh oder eines Pferdes hergestellt. „Kid" stammt im Allgemeinen vom Körper eines Schafes und nicht von dem einer jungen Ziege. Unser bestes echtes Ziegenleder kommt aus einem bestimmten Teil Frankreichs, wo das Klima geradezu für die kleinen Kinder geeignet zu sein scheint, es reichlich Essen gibt, das sie mögen, und, was genauso wichtig ist, sie die beste Pflege erhalten. Um die allerfeinste Ziegenhaut herzustellen, heißt es, dass die Zicklein nur mit Milch gefüttert, mit äußerster Sanftheit behandelt und in Ställen oder Ställen gehalten werden, die sorgfältig gebaut sind, damit nichts ihre zarte Haut zerkratzt.

Handschuhmacher sind immer auf der Suche nach neuen Materialien, und als vor nicht allzu vielen Jahren zwei Ballen einer unbekannten Hautsorte mit einer Lieferung Mokkakaffee aus Arabien kamen, wollten sie es unbedingt ausprobieren. Er ließ sich gut bräunen und ergab einen Handschuh, der von Anfang an ein Favorit war. Es wurde festgestellt, dass die Haut von einem Schaf stammt, das in Arabien, Abessinien und in der Nähe des Quellgebiets des Nils lebt. Der Name „Mokka" geht auf den Kaffee zurück, mit dem es serviert wurde, und seitdem ist es „Mokka". Der Suède- Handschuh hat eine Oberfläche, die der des Mocha-Handschuhs ähnelt. Der Name kommt von „Schwede", weil die Schweden die ersten waren, die die Haut mit der Außenseite nach innen verwendeten.

Die meisten unserer dünneren „Kid"-Handschuhe bestehen aus Lammfell; aber das Zubereiten der Häute wird in diesem Land mittlerweile so geschickt durchgeführt, dass „selbstgemachte" Handschuhe in vielerlei Hinsicht genauso gut sind wie die importierten; Tatsächlich erklären einige Richter, dass bestimmte Qualitäten in Form und Naht besser sind. Wenn Schaffelle und Lammfelle aus der Ferne auf den Markt kommen, werden sie gesalzen. Sie müssen in Wasser eingeweicht, alle Fleischstücke abgekratzt und die Haare entfernt werden, in der Regel mit Kalk. Nach einem weiteren Waschen werden sie einige Minuten lang in Alaun und Salz gelegt; und nach dem Abwaschen werden sie getrocknet, gedehnt und sind dann bereit für das

Erweichen. Es wurde nichts gefunden, was die Haut so perfekt weich macht wie eine Mischung aus Mehl, Salz und Eigelb – „Custard", wie die Arbeiter es nennen. Der Vanillepudding und die Schalen werden zusammen in einer großen Eisentrommel gedreht, die sich dreht, bis der Vanillepudding aufgesogen ist und die Schalen weich und nachgiebig sind. Jetzt werden sie in die eine oder andere Richtung gedehnt und so gründlich durchnässt, dass sie eventuell noch vorhandenes Alaun und Salz sowie einen Großteil der Vanillesoße verlieren.

Jetzt kommt das Färben. Die Haut wird mit der glatten Seite nach oben auf einen Tisch gelegt und mehrmals mit dem Farbstoff bestrichen; Allerdings nur sehr leicht, denn wenn die Farbe durch das Leder dringt, kann es zu Flecken auf den Händen der Kunden kommen und sie werden keine Handschuhe dieser Marke mehr kaufen. Die Schalen werden nun angefeuchtet, gerollt und mehrere Wochen lang gelagert, um sie zu würzen. Beim Ausrollen ist die gesamte Haut weich und geschmeidig. Allerdings ist es dick und niemand, der kein Experte ist, kann es richtig verdünnen. Der Vorgang wird „Mooning" genannt, da das verwendete Messer die Form einer Mondsichel hat. Es ist flach, die Mitte ist ausgeschnitten und die Außenkante ist geschärft. Über der Innenkurve befindet sich ein Griff. Die Haut wird an eine Stange gehängt, und der erfahrene Handwerker zieht das Mondmesser so weit nach unten , bis alle Reste des getrockneten Fleisches entfernt wurden und die Haut durchgehend die gleiche Dicke, oder besser gesagt, dünn ist.

All diese langsame und sorgfältige Arbeit ist erforderlich, um die Haut auf das Ausschneiden des Handschuhs vorzubereiten. und jetzt geht es an den Cutter. Das Ausschneiden von Handschuhen mit einer Schere und Pappmustern gibt es nicht mehr, aber es gibt dennoch einen schnellen und einen langsamen Weg. Der Mann, der schnell schneidet, der „Blockschneider", wie er genannt wird, breitet die Haut auf einem großen Block aus, der aus zusammengesteckten Holzbrettern besteht, wobei die Maserung auf und ab verläuft. Er legt einen Würfel in Form des Handschuhs auf das Leder, führt einen Schlag mit einem schweren Hammer aus und der Handschuh wird ausgeschnitten. Für die günstigeren und gröberen Handschuhe ist das eine gute Lösung, aber feinere Handschuhe zu schneiden ist eine ganz andere Sache. Dies erfordert Geschicklichkeit, und es wird gesagt, dass kein Mann gut „Tischschneiden" kann, der nicht über mindestens drei Jahre Erfahrung verfügt; und selbst dann ist er möglicherweise nicht in der Lage, wirklich erstklassige Arbeit zu leisten. Er befeuchtet die Haut, dehnt sie erst in die eine und dann in die andere Richtung und untersucht sie genau auf Fehler, Kratzer oder Schwachstellen. Er muss seinen Würfel so anlegen, dass nach Möglichkeit zwei Paar normale Handschuhe oder ein Paar „Ellenbogenhandschuhe" aus der Haut kommen, und dennoch muss er die schlechten Stellen meiden, wenn es welche gibt. Kein Handschuhhersteller kann es sich leisten, einen ungelernten oder unvorsichtigen Zuschneider zu beschäftigen, denn er wird viel mehr verschwenden, als sein Lohn ausmacht. Früher gab es einen Würfel für die rechte Hand und einen anderen für die linke Hand, und es dauerte einige Zeit, bis jemandem der Gedanke kam , dass derselbe Würfel beide Handschuhe schneiden würde, wenn nur die Haut umgedreht würde.

SCHLIESSEN DES HANDSCHUHS

Wenn es Zeit zum Nähen ist, geht der Handschuh von Hand zu Hand durch den Arbeitsraum, wobei jeder Näher eine oder mehrere bestimmte Nähte ausführt.

WO DER HANDSCHUH SEINE FORM ERHÄLT

Nach der Inspektion geht der Handschuh zu einer Reihe von Männern, die ihn an einer dampferhitzten Messinghand anbringen und ihm so seine endgültige Form und Oberfläche verleihen.

Jetzt kommt das Nähen. Zählen Sie die Teile eines Handschuhs, um eine Vorstellung davon zu bekommen, wie viel Arbeit nötig ist, um sie zusammenzunähen. Beachten Sie, dass die Fourchettes auf der linken Seite zusammengenäht sind, die anderen Nähte auf der rechten Seite und dass die winzigen Teile des Besatzes und des Futters von Hand gesäumt sind. Beachten Sie, dass zwei der Finger nur eine Fourchette haben, während die anderen jeweils zwei Fourchettes haben. Beachten Sie, wie sauber die Enden der Finger verarbeitet sind, sodass auf der rechten Seite nie ein Fadenende übrig bleibt. Die Stickerei muss genau an der richtigen Stelle sitzen und an beiden Enden fest befestigt sein. Diese Stickerei ist keine bedeutungslose Mode, denn die Linien lassen die Hand viel schlanker und formschöner erscheinen. Das Einnähen der Daumen erfordert besondere Sorgfalt und Geschick. Es dürfen keine Falten entstehen und die Naht darf nicht so fest gezogen sein, dass beim Ausziehen des Handschuhs ein roter Streifen auf der Hand entsteht. Niemand näht einen Handschuh komplett an; Es muss durch mehrere Hände gehen, von denen jeder etwas tut. Selbst bei aller Pflege ist ein Handschuh ein formloses Ding, wenn er aus der Nähmaschine kommt. Es wird nun in einen Raum getragen, wo ein langer Tisch steht, von dem eine ziemlich verblüffende Reihe unterschiedlich großer Messinghände nach oben ragt. Diese werden erhitzt, die Handschuhe werden darüber gezogen und in einem Moment haben sie Form und Finish und können besichtigt und verkauft werden.

Der Handschuh ist so eng mit der Hand und der Person verbunden, der die Hand gehört, dass man ihn in der Antike als Repräsentant dieser Person betrachtete. Wenn zum Beispiel ein Jahrmarkt nicht ohne die Anwesenheit eines Adligen eröffnet werden konnte, genügte es, wenn er als Stellvertreter seinen Handschuh schickte. Den Handschuh vor einem Mann niederzuwerfen bedeutete, ihn zu einem Kampf herauszufordern. Bei der Krönung von Königin Elizabeth ritt wie bei vielen anderen Herrschern Englands der „Champion der Königin", ein Ritter in voller Rüstung, in die große Halle, warf seinen Handschuh nieder und rief: „Wenn es irgendeinen Mann gibt, der das will." Sagen und behaupten Sie, dass unsere souveräne Dame, Königin Elizabeth, nicht die rechtmäßige und unbestrittene Erbin der Kaiserkrone dieses Königreichs England ist. Ich sage, er lügt wie ein falscher Verräter, und deshalb gebe ich ihm mein Urteil.

IV

WIE Lumpen und Bäume zu Papier werden

Es war ein toller Tag für die Kinder auf dem Bauernhof, als der Blechhändler vorbeikam. Er hatte einen hohen roten Wagen, der voller Besen, Moppstiele, Waschzuber, Wassereimer und Bürsten war. Als er seine geheimnisvollen Schubladen und Höhlen öffnete, blitzte die Sonne auf Blechpfannen, Kellen, Kehrschaufeln und Becken. Etwas edler verstaut waren Messer mit Holzgriff, zweizinkige Gabeln und Schüsseln aus Glas und Porzellan ; und manchmal kleine rot oder blau bemalte und bezaubernd vergoldete Blechbecher oder Ausstechformen in Form von Hunden und Pferden. All diese seltenen und entzückenden Gegenstände war er bereit, gegen Lumpen einzutauschen. Ist es verwunderlich, dass die sparsame Hausfrau ihre Lumpen mit größter Sorgfalt aufbewahrte und einen Beutel für weiße Schnitte und einen für farbige aufbewahrte?

Diese Hausierer waren die große Abhängigkeit der Papierfabriken, denn das feinste Papier wird aus Leinen und Baumwollfetzen hergestellt. Wenn die Lumpen in der Fabrik ankommen, werden sie sorgfältig sortiert. Den ganzen Tag sitzen die Sortierer vor Tischen, deren Tischplatten mit groben Drahtgittern bedeckt sind, und suchen aus Lumpenmassen Knöpfe, Haken und Ösen, Stecknadeln, Gummistücke und alles andere heraus, was sich unmöglich zu Papier verarbeiten lässt. Gleichzeitig sortieren sie die Lumpen sorgfältig in verschiedene Qualitäten und schneiden sie mit einem Messer in Form einer kleinen Sichel, das aufrecht am Tisch befestigt ist, in kleine Stücke. Ein Teil des Staubs fällt durch das Sieb; aber um den Rest davon zu entfernen, werden die zerschnittenen Lumpen in einer Drahttrommel herumgeworfen. Manchmal sind sie so staubig, dass sie, wenn sie aus der Trommel kommen , nur neun Zehntel so viel wiegen, als wenn sie reinkommen. Der Staub ist raus aus ihnen, aber nicht der Dreck. Um das zu beseitigen, werden sie nun in große Kessel voller Dampf gegeben; und hier wird stundenlang gekocht und gewendet, und gewendet und gekocht. Um sie zu reinigen und den Farbstoff zu entfernen, wird Kalk und manchmal Soda beigefügt; aber wenn man sie ausgießt, sehen sie alles andere als sauber aus, denn sie sind von besonders schmutzigem Braun; und das Wasser, das von ihnen abfließt, sieht noch uninteressanter aus. Der nächste Schritt besteht natürlich darin, diese schmutzige braune Masse zu waschen. und mindestens vier Stunden lang wird es in einer Maschine geschrubbt, die es schlägt, rollt, hackt und herumwirbelt, bis das Wunder ist, dass etwas davon übrig bleibt. Die ganze Zeit über floss das Wasser hindurch, kam sauber herein und schmutzig wieder heraus; und schließlich wird die Masse so hellgrau, dass es nicht ganz aussichtslos erscheint, daraus weißes Papier zu machen. Es wird nun mit Chlorkalk gebleicht und gewaschen, bis es eine cremeweiße Farbe hat und frei von Kalk ist, und dann erneut geschlagen. Wenn Sie ein Stück billiges Papier falten und es an der Falte zerreißen, reißt es leicht; Aber wenn Sie dasselbe mit Papier aus Leinen und Baumwolle machen, werden Sie feststellen, dass es ausgesprochen robust ist. Wenn Sie sich außerdem die abgerissene Kante des letzteren genau ansehen, können Sie die Fasern deutlich erkennen. Durch das Mahlen verfilzen die Fasern und machen das Papier dadurch zäh. Während sich das Fruchtfleisch im Mixer befindet, gibt der Hersteller den Farbstoff hinzu, wenn er eine blaue, rosafarbene, lavendelfarbene oder eine andere Farbe haben möchte. Niemand würde vermuten, dass es sich bei dieser weißen, cremigen oder azurblauen Flüssigkeit jemals um die schmutzigen Lumpen handelte, die in die Mühle kamen und auf den Drahttischen sortiert wurden. Neben dem Farbstoff wird zu diesem Zeitpunkt üblicherweise ein „Füllstoff" hinzugefügt, beispielsweise Kaolin, der feine Ton, aus dem Porzellan hergestellt wird. Dies füllt die Poren und verleiht dem fertigen Papier eine glattere Oberfläche – gut, wenn nicht zu viel aufgetragen wird. Außerdem wird etwas Leim aus Kolophonium hinzugefügt. Ohne diese Leimung würde die Tinte wie bei Löschpapier sogar in das fertige Papier eindringen. Danach wird der Pulpe noch mehr Wasser zugesetzt und sie wird in Tanks geleitet.

Jetzt ist die Vorbereitung abgeschlossen und der Zellstoff wird zu großen und komplizierten Maschinen gepumpt, die ihn zu Papier verarbeiten. Es fließt zunächst durch Siebe, die ständig geschüttelt werden, als würden sie zittern. Dieses Schütteln lässt die Flüssigkeit und die feineren Fasern durch, hält aber die kleinen Klumpen zurück, falls nach all dem Schlagen, Pressen und Schneiden noch welche übrig sind. Der Brei fließt auf ein endloses Drahtsieb. Gummibänder an den Seiten halten es drinnen, aber das überschüssige Wasser tropft durch die Maschen. Der Brei fließt weiter, und so würden sich die winzigen Fasern auf natürliche Weise aufrichten und mit ihm fließen, wie Stöcke in einem Fluss; aber das Drahtsieb wird ständig seitwärts geschüttelt, und dies hilft den Fasern, sich zu verflechten, und das Papier wird in einer Richtung fast so stark wie in der anderen.

Wenn man ein Blatt Papier gegen das Licht hält, sieht man deutlich, was als nächstes damit gemacht wird. Manchmal kann man sehen, dass es durch helle, parallele Linien gekennzeichnet ist, die dicht nebeneinander darüber verlaufen und von anderen, kräftigeren Linien im Abstand von ein oder zwei Zoll gekreuzt werden. Manchmal ist der Name des Papiers oder des Herstellers in gleicher Weise durch hellere Buchstaben als der Rest des Blattes gekennzeichnet. Manchmal ist das Papier schlicht und weist keinerlei Markierungen auf. Dieser Unterschied wird durch den sogenannten „Dandy" erzielt, einen mit Draht ummantelten Zylinder. Beim ersten oder

„gelegten" Papier verlaufen die kleinen Drähte über die gesamte Länge des Zylinders und die stärkeren um ihn herum. Überall dort, wo die Drähte sind, ist das Papier etwas dünner. In einigen Papieren ist diese Dünnheit zu sehen und zu spüren. Bei der zweiten Papierart wird das Muster oder „Wasserzeichen" durch Drähte gebildet, die etwas dicker sind als der Rest der Abdeckung. Für das dritte oder „gewebte" Papier ist der Dandy mit einfach gewebtem Draht bedeckt, ähnlich dem des Drahtgewebes; es gibt also überhaupt keine Markierungen. Diese Arbeit lässt sich problemlos durchführen, da das Papier zu diesem Zeitpunkt noch so feucht ist.

Das Papier liegt nun nicht mehr in Bögen vor, sondern in einem langen Netz, ähnlich einer Stoffbahn. Es läuft zwischen mit Filz überzogenen Walzen hindurch, um so viel Wasser wie möglich herauszudrücken, dann über dampfbeheizte Zylinder, um es zu trocknen, und schließlich zwischen kalten Eisenwalzen, um es glatt zu machen, und wird auf eine Spule gewickelt, besäumt und in Blätter jeglicher Art geschnitten Größe gewünscht ist. Die feinsten Notizpapiere werden nicht auf diese Weise fertiggestellt, sondern teilweise getrocknet, durch einen Bottich mit dünnem Leim geführt, überschüssiges Papier mit Walzen abgequetscht, dann in Blätter geschnitten und zum nach Belieben gründlichen Trocknen aufgehängt.

Papier aus richtig vorbereitetem Leinen und Baumwolle ist bei weitem das beste, aber es gibt so viele neue Verwendungsmöglichkeiten für Papier, dass es auf der Welt nicht genug Lumpen gibt, um auch nur annähernd das herzustellen, was benötigt wird. Es gibt Dutzende Zeitungen und Zeitschriften, wo es früher eine gab; Und was Papiertüten, Kartons und Schachteln betrifft, so sind der Anzahl und Vielfalt keine Grenzen gesetzt. Ein einziger Hersteller von Kugelschreibern und Bleistiften benötigt viertausend verschiedene Arten und Größen von Schachteln. Die Verwendung von Papier anstelle von Schiefertafeln durch Schulkinder, die Mode, Weihnachtsgeschenke in weißes Seidenpapier einzupacken, und die Erfindung der preisgünstigen Kameras haben den Bedarf an Papier enorm erhöht. Bei dem Versuch, die Nachfrage zu decken, wurden alle möglichen Materialien verwendet, wie Hanf, alte Seile, Torf, die Stängel von Flachs, Stroh, das spanische und afrikanische Espartogras und insbesondere Holz; aber viel mehr Papier besteht aus Holz als alles andere zusammen. Es werden Pappeln, Eukalyptusbäume und Kastanienbäume sowie vor allem zapfentragende Bäume wie Fichte, Tanne, Balsambaum und Kiefer verwendet. Es gibt zwei Methoden zur Herstellung von Zellstoff; das Mechanische, indem das Holz zermahlen wird, und das Chemische, indem es chemisch behandelt wird. Bei der mechanischen Methode wird das Holz gegen einen großen Schleifstein gedrückt, der sich mit hoher Geschwindigkeit dreht. Sobald das Holz zerkleinert wird, wird es von einem Wasserstrom weggespült und durch ein Rüttelsieb und ein rotierendes Sieb gesiebt, das durch die Zentrifugalkraft einen Teil des Wassers austreibt. In einem großen Bottich mit Zellstoff dreht sich eine mit Drahtgewebe bedeckte Trommel, und darauf legt sich eine dünne Schicht Zellstoff ab. Durch das Anpressen des Filzes wird das Blatt durch Rollen weiterbefördert. Die Platten werden zwischen groben Sackleinen gepresst. Solches Papier ist sehr schlechtes Zeug. Bei der Herstellung werden die Fasern des Holzes so zerkleinert, dass es nur noch eine geringe Festigkeit aufweist. Es wird für Pappe, Kartons und Verpackungspapiere verwendet. Leider wird es auch für Zeitungen verwendet; Und während es für einige von ihnen gut ist, auseinanderzufallen, ist es ein großer Verlust, wenn die anderen nicht für immer da sind. Wenn wir wissen möchten, was die Menschen über ein Ereignis vor fünfzig Jahren dachten, können wir auf die Zeitungen dieser Zeit zurückblicken; Aber wenn Menschen in fünfzig Jahren erfahren wollen, was wir dachten, werden viele Zeitungen schon lange vorher zerfallen sein.

Mit freundlicher Genehmigung von SD Warren Co.

WO AUS Lumpen Papier wird

Der Bottich, in dem die Lumpen gekocht und umgedreht werden,
und der große Raum, in dem die fertige Papierbahn durch Walzen
geführt und in einen ordentlichen Stapel beschnittener Blätter
geschnitten wird.

Es gibt jedoch eine Methode namens „ Sulfitverfahren ", die hauptsächlich bei der Behandlung von Nadelhölzern angewendet wird und mit der sich ein viel besseres Papier herstellen lässt. In allen Pflanzen gibt es eine Substanz namens „Zellulose". Das gibt ihren Stielen Kraft. Das Holz wird zerkleinert und in Fermenter gegeben, die zwanzig Tonnen fassen können, und dann zusammen mit Magnesium- oder Kalziumbisulfit sieben bis acht Stunden lang dampfgekocht . Eine andere Methode zum Kochen von Hölzern wie Pappel und Gummi besteht darin, das Holz in Natronlauge zu kochen, wodurch alles außer der Zellulose zerstört wird. Holzpapier der einen oder anderen Art wird für alle Tageszeitungen und die meisten Bücher verwendet. Ob das beste Holzpapier genauso lange hält wie das beste Hadernpapier, kann nur die Zeit zeigen.

Die Regierung der Vereinigten Staaten testet Papier vor dem Kauf auf verschiedene Weise. Zunächst wird ein einzelnes Blatt gewogen; Dann wird ein Ries auf die Waage gelegt, um zu sehen, ob es das Vierhundertachtzigfache wiegt. Dies zeigt, ob das Papier gleichmäßig im Gewicht läuft. Viele Blätter werden zusammengefaltet und gemessen, um festzustellen, ob die Dicke gleichmäßig ist. Um seine Festigkeit zu testen, wird ein Blech über ein Loch mit einer Fläche von einem Quadratzoll geklemmt und von unten mit Flüssigkeit dagegen gedrückt, um zu sehen, wie lange es aushält, bevor es platzt. Papierstreifen werden in einer Maschine gezogen, um ihre Bruchfestigkeit zu testen. Ein Blatt wird immer wieder gefaltet, um zu sehen, ob an den Ecken der Falte Löcher entstehen. Unter dem Mikroskop wird untersucht, aus welchen Fasern es besteht und wie viel Material bei der Herstellung verwendet wurde. Um Löschpapier zu testen, werden Streifen ebenfalls in Wasser gelegt, um zu sehen, wie hoch das Wasser darauf steigt.

Neben Schreib- und Geschenkpapieren sowie den verschiedenen Kartonsorten gibt es viele Sorten, die für besondere Zwecke verwendet werden. Indienpapier zum Beispiel ist leicht, glatt und stark, so undurchsichtig, dass der Druck nicht durchscheint, und so langlebig, dass es, wenn es zerknittert ist, ausgebügelt werden kann und so gut wie neu ist. Dies wird für Bücher verwendet, bei denen eine starke Beanspruchung zu erwarten ist, die aber ein geringes Gewicht haben müssen. Es gibt Seidenpapier, Krepppapier für Servietten und Teerpapier, um Dächer und sogar Boote wasserdicht zu machen. Beim Auftragen von Teer kann es zur Bildung von Blasen kommen, die später aufplatzen und Wasser eindringen lassen. Aber wenn Teer in das Papier selbst eingearbeitet wird, bleibt es bestehen. Papier kann leicht gewachst oder paraffiniert werden und hält dann für einige Zeit Luft und Feuchtigkeit fern. Besser noch, es kann mit Öl behandelt werden und ergibt dann einen Regenmantel, der einem Jahr standhält, oder, wenn man es auf einen Bambusrahmen legt, sogar ein sehr gutes Haus, wie die Japaner vor langer Zeit herausfanden. Mit Kaugummipulver und Zinn beschichtetes Papier wird zum Verpacken von Tee und Kaffee verwendet. Transfer- oder Kohlepapiere, die häufig zum Anfertigen mehrerer Kopien eines Artikels auf der Schreibmaschine verwendet werden, werden durch Beschichten des Papiers mit Stärke, Mehl, Gummi und Farbstoffen hergestellt. Papier kann für Schuhe und Hüte, Krawatten, Kragen und sogar für „Gummi" verwendet werden. Es wurde erfolgreich für Segel von Leichtschiffen verwendet und eignet sich hervorragend für die Herstellung leichter Kleidungsstücke für den Krankenhausgebrauch, da es so billig ist, dass es nach dem Tragen verbrannt werden kann. Holzzellstoff kann durch feine Röhren in Wasser geleitet und so geschmeidig gemacht werden, dass er zu Kordeln gedreht oder gesponnen und zu „Seide" gewebt werden kann. Nicht nur Wasser, sondern auch Feuer kann Papier abhalten, wenn es mit den richtigen Mitteln behandelt wird. Ein Gegenstand kann mit einer Paste aus Zellstoff, Kieselsäure und Hanf bedeckt werden; und wenn dies trocken ist, bietet eine Schicht Wasserglas einen beträchtlichen Schutz. Die Herstellung transparenter Papierfilme für bewegte Bilder hat einen gewissen Erfolg erzielt; und wenn diese mit Wasserglas überzogen sind, werden sie nicht brennen. Papier kann so behandelt werden , dass es je nach Wunsch entweder Elektrizität leitet oder nicht leitend wird. In Deutschland wurde durch das Zusammenpressen von vier Schichten – Filz, Zellstoff, Baumwolle, Zellstoff – ein „Sandwichpapier" hergestellt, das billig, stark und für viele Zwecke nützlich ist.

Pappmaché befassen , gibt es unzählige Arten von Artikeln, die daraus hergestellt werden. Das Pappmaché oder *Papierbrei* wird hergestellt, indem alte Zeitungen oder Geschenkpapiere mit warmem Wasser zu einem Brei geknetet werden. Ton und Farbe werden hinzugefügt und etwas von der Art von Leim; und es wird dann in eine Form gegeben . Um die Festigkeit bei großen Formteilen zu erhöhen , werden manchmal auch Leinwandstücke oder sogar Draht verwendet. Das beste Pappmaché besteht aus reiner Holzzellulose. Daraus sind die schönen, mit Lack überzogenen Kästen und Tabletts geformt, die die Japaner und Chinesen herstellen; aber es hat viele viel bescheidenere Verwendungszwecke als diese. Papierschrauben werden bei dekorativen Holzarbeiten verwendet, und wenn man ein Loch für eine solche Schraube anbohrt, dringt sie genauso gut in weiches Holz ein wie Stahl. Mit Draht verstärkte Fässer aus Papier sind weit verbreitet. Zahnräder und Riemenscheiben bestehen aus Pappmaché , sogar die Räder von Eisenbahnwaggons; Zumindest der Radkörper besteht daraus, obwohl Reifen, Nabe und Achse aus Gussstahl bestehen. Im Einsatz sind Kreissägen aus Zellstoff, die dünne Furnierscheiben so glatt schneiden, dass sie ohne Hobeln verwendet werden können . Papiermaché wird für Wasserleitungen, Wagenkästen, Hühnerställe und Garagen verwendet . Tatsächlich ist es durchaus möglich , ein Haus zu bauen, es mit Schindeln zu verkleiden, es mit kunstvollen Zierleisten und Gesimsen zu verzieren, es mit Paneelen, Täfelungen und nachgeahmten Fliesen zu versehen und es mit leichten, bequemen Möbeln auszustatten, die mit Kunstleder, Seide oder Stoff bezogen sind. und breitete auf seinen Böden weiche, dicke Teppiche oder Vorleger aus, die in wunderschönen Mustern gewebt waren – und alle aus Holzzellstoff. Sogar die Fensterscheiben könnten aus Zellstoff bestehen; und wenn sie nicht vollkommen transparent wären, würden sie zumindest ein weiches, angenehmes Licht hereinlassen und würden nicht zerbrechen. Eimer, Waschzuber, Badewannen und sogar Papierschalen sind leicht zu finden. Es gibt nicht nur die in Eisenbahnzügen bereitgestellten Pappbecher und die billigen Picknickteller und Untertassen, sondern auch einige, die wirklich hübsch sind. Eis wird manchmal in Papierschalen serviert und mit Papierlöffeln gegessen. Milchflaschen werden erfolgreich aus Papier hergestellt, wobei an der Seite ein langer Streifen aus transparentem Material nach oben und unten verläuft, um anzuzeigen, wie viel – oder wie wenig – Sahne darin enthalten ist. Servietten und Tischdecken aus zu „Tuch" verwobenen Papierfäden sind günstiger als Leinen und lassen sich genauso gut waschen. Papierhandtücher und Geschirrtücher sind bereits üblich; Aber wenn das Papier seine volle Wirkung entfaltet, ist es durchaus möglich, dass nur wenig Geschirr gespült wird. Sie können so hübsch sein, wie man es sich nur wünschen kann, aber so billig, dass man sie nach jeder Mahlzeit ins Feuer werfen kann. Tatsächlich gibt es in einem Haus außer einem Ofen nur wenige Dinge, die nicht aus irgendeiner Form von Papier hergestellt werden können – und vielleicht wird auch das eines Tages der Fall sein.

V

WIE BÜCHER HERGESTELLT WERDEN

Der erste Schritt bei der Druckvorbereitung eines Manuskripts besteht darin, herauszufinden, wie viele Wörter es enthält, welche Art von Schriftart verwendet werden soll, wie viel „Zeilenabstand" oder Abstand zwischen den Zeilen vorhanden sein soll und wie groß sie sein sollen die Seite. Bei der Entscheidung über diese Fragen muss viel nachgedacht werden. Wenn es sich bei dem Manuskript um eine Kurzgeschichte eines bekannten Autors handelt, kann es mit breiten Rändern und breitem Zeilenabstand gedruckt werden, um ein Buch von angemessener Größe zu erhalten. Handelt es sich um ein umfangreiches Manuskript, das wahrscheinlich zu einem moderaten, aber nicht zu einem hohen Preis verkauft wird, ist es am besten, nur so viel Zeilenabstand zu verwenden, wie nötig ist, um die Zeile klar hervorzuheben, und mit einem nicht so breiten Rand zu drucken um die Kosten des Buches zu erhöhen. Der Drucker druckt ein Muster der ausgewählten Seite aus, alle gewünschten Änderungen werden vorgenommen und dann beginnt die Herstellung des Buches.

Mit freundlicher Genehmigung von The Riverside Press.

WO DIESES BUCH AUFGESTELLT WURDE

Das Monotypie-Mädchen schrieb diese Worte auf ihrer Tastatur, wo sie winzige Löcher in eine Papierrolle bohrte. Die Rolle ging in den Gießraum, wo sie eine Maschine zur Herstellung des Typs steuerte, ähnlich wie eine perforierte Musikrolle ein Klavier zum Spielen einer Melodie steuert.

Der Typ wird in einem Koffer aufbewahrt, an dem der Setzer steht. Dieser Koffer ist in flache Fächer unterteilt, wobei jedes Fach je nach Fall sehr viele E oder M enthält. Der „Großbuchstabe" enthält Großbuchstaben; die „Kleinbuchstaben", kleine Buchstaben. Die am häufigsten verwendeten Buchstaben werden dort abgelegt, wo der Verfasser sie am leichtesten erreichen kann. Er steht mit einem „Komponierstab" in der Hand vor seinem . Dieser „Stab" ist ein kleiner Eisenrahmen mit einem Schieber an der Seite, so dass die Leine in jeder gewünschten Länge hergestellt werden kann. Der Arbeiter lernt schnell, wo sich jeder Buchstabe befindet, und selbst ein Lehrling kann die Schriftart relativ schnell in seinen Stock einsetzen. Auf einer Seite jedes Schriftstücks befindet sich eine Rille, sodass er durch Anfassen erkennen kann, ob es mit der richtigen Seite nach oben zeigt oder nicht. Er muss besonders darauf achten, dass seine rechten Abstände regelmäßig sind. In Büchern werden Sie feststellen, dass die Zeilen alle gleich lang sind, obwohl sie nicht die gleiche Anzahl an Buchstaben enthalten. Der Komponist erreicht dies durch die geschickte Anordnung seiner Worte und Räume. Die Zwischenräume müssen möglichst gleich lang sein und dennoch muss die Zeile richtig ausgefüllt sein. Wenn eine Zeile zu voll ist, kann er manchmal die letzte Silbe in die folgende Zeile einfügen; Wenn es nicht voll genug ist, kann er eine Silbe ausleihen und zumindest seinen Raum so gleichmäßig aufteilen, dass die Zeile nicht so aussieht, als wäre sie in zwei Teile gebrochen.

Vor nicht allzu langer Zeit wurden alle Schriften auf diese Weise gesetzt; Inzwischen wurden jedoch mehrere Maschinen erfunden, die diese Arbeit erledigen. Bei einem der besten sitzt der Bediener vor einer Tastatur, die der einer Schreibmaschine ähnelt. Wenn er beispielsweise die Taste *a* drückt , löst sich eine Form oder Matrize des Buchstabens *a aus einer Röhre mit a* und gleitet an ihren Platz im Stab. Am Ende der Linie werden die Matrizen, aus denen sie besteht, vor einen Schlitz transportiert, wo geschmolzenes Metall aus einem Reservoir auf sie trifft. So wird aus den Matrizen ein Abdruck hergestellt und aus diesem Abguss erfolgt der Druck . Diese Maschine wird Linotypie genannt, weil sie jeweils eine ganze Schriftzeile ausgibt.

Die meisten Bucharbeiten werden auf der Monotypiemaschine erledigt. Wenn ein Manuskript an die Druckmaschine geht, um auf diese Weise eingerichtet zu werden, wird die Kopie an den Tastaturbediener übergeben, der es auf einer Maschine einrichtet, die einer Schreibmaschine sehr ähnlich ist. Anstatt jedoch Briefe zu schreiben, stanzt die Maschine winzige Löcher in einen auf einer Rolle aufgewickelten Papierstreifen. Wenn die Rolle voll ist, geht sie in den Gießraum, wo sie auf eine andere Maschine gelegt wird, die heiße Metall- und Bronzematrizen enthält, aus denen die Buchstaben der Wörter gegossen werden sollen. Die Löcher im Papier führen die Maschine beim Herstellen der Schrift, ähnlich wie eine perforierte Notenrolle ein

Klavier beim Spielen einer Melodie führt. Der Grund dafür, dass die Maschine Monotypie genannt wird, liegt darin, dass die Buchstaben einzeln erstellt werden und „*monos*" das griechische Wort für „*eins*" ist.

Mit den Linotype- und Monotype-Maschinen kann der Typ in eine „Galeere" gesetzt werden, ein schmales Tablett von etwa 60 cm Länge mit Leisten an drei Seiten. Wenn eine geeignete Anzahl dieser Fahnen gefüllt ist, werden daraus lange Belege ausgedruckt, sogenannte „Fallenabzüge". Diese haben breite Ränder, aber der Druck hat die Breite, die die Seite des Buches haben wird. Sie werden von den Korrektoren gelesen und alle Fehler wie das Einfügen eines falschen Buchstabens oder einer fehlerhaften Schriftart, die Wiederholung eines Wortes oder das Auslassen von Leerzeichen zwischen Wörtern werden korrigiert. Dann geht der Beweis an den Autor, der alle Änderungen an seinem Teil des Werkes vornimmt, die ihm wünschenswert erscheinen; und es wird auch von einem Mitglied der Redaktion gelesen. Wenn viele Änderungen vorgenommen werden müssen, wird in der Regel ein weiterer Korrekturabzug erstellt und an den Autor gesendet.

Der Grund für diese extreme Sorgfalt liegt darin, dass Änderungen am Korrekturabzug viel weniger kosten als am „Seitenabzug". Letzteres wird dadurch erreicht, dass die Galeere in Seiten unterteilt wird, Platz für die Kapitelanfänge und für Bilder, falls welche auf den gedruckten Seiten erscheinen sollen, gelassen wird und die Nummern der Seiten und ihre laufenden Titel festgelegt werden. Der Seitennachweis geht auch an Korrektoren und an den Autor. Korrekturen beim Korrekturabzug sind teurer als beim Korrekturabzug, da das Hinzufügen oder Streichen auch nur einiger weniger Wörter dazu führen kann, dass die Anordnung auf jeder Seite bis zum Ende des Kapitels geändert werden muss.

Vor Jahren wurden alle Bücher direkt nach der Schrift gedruckt; und einige werden immer noch so gedruckt. Nach dem Druck wurden die Briefe wieder in ihre Fächer zurückgelegt. War eine zweite Auflage erforderlich, musste der Typ erneut festgelegt werden. Heutzutage werden Bücher jedoch in der Regel nicht nach Typen, sondern nach einem Kupfermodell des Typs gedruckt. Dazu wird ein Abdruck der Schriftseite aus Wachs angefertigt und mit Graphit überzogen, der den Strom leitet. Diese Formen werden in ein Bad aus Kupfersulfat gehängt, in dem sich auch große Kupferplatten befinden. Ein elektrischer Strom wird hindurchgeleitet, und überall dort, wo sich Graphit befindet, lagert sich eine Kupferhülle ab, die genau der Vorderseite des Typs entspricht. Diese Schale ist sehr dünn, wird aber durch das Hinzufügen einer schweren Rückseite aus geschmolzenem Metall stabilisiert. Von diesen Platten werden die Bücher gedruckt. Eine in der Platte vorgenommene Korrektur ist teurer als eine Korrektur in der Druckfahne oder auf der Seite, da das Aussägen eines Wortes oder einer Zeile eine langsame und heikle Arbeit ist; und selbst wenn eins mit der gleichen Länge ersetzt wird, müssen die Typen, die es buchstabieren, eingerichtet, eine kleine neue Platte gegossen und eingelötet werden.

Mit freundlicher Genehmigung von The Riverside Press.

WO DIESES BUCH GEDRUCKT WURDE

Die Mädchen geben große Blätter Papier in die Druckmaschinen, wobei jeweils 32 Seiten gedruckt werden. In vielen modernen Pressen wird das Papier über eine an der Presse angebrachte Maschine zugeführt. Die Drucker achten darauf, dass der Druck ordnungsgemäß erfolgt.

Das Drucken einer Seite nach der anderen wäre insgesamt zu langsam; Daher sind die Tafeln so angeordnet, dass auf einer Seite des Papiers sechzehn, zweiunddreißig oder manchmal vierundsechzig Seiten gedruckt werden können und auf der anderen Seite die gleiche Anzahl. Jede Seite muss an ihrem richtigen Platz sein, wenn das Blatt zum Binden gefaltet wird. Versuchen Sie, ein Blatt mit sechzehn Seiten, acht auf jeder Seite, so anzuordnen, dass beim Falten jede Seite mit der bedruckten Seite nach oben an der richtigen Stelle liegt, und Sie werden feststellen, dass es nicht ganz einfach ist, bis Sie es geschafft haben beträchtliche Erfahrung. Wenn das Blatt in vier Blätter gefaltet ist, wird das Buch „Quarto" oder „4to" genannt; wenn es acht ist, ist es ein „Octavo" oder „8vo"; wenn in zwölf, ein „duodecimo" oder „12mo". Bücher werden manchmal mit diesen Begriffen beworben; Sie sind jedoch nicht eindeutig, da die Blätter der verschiedenen

Papiersorten unterschiedlich groß sind. In den letzten Jahren haben Verlage die Länge und Breite ihrer Bücher oft in Zoll angegeben.

Nachdem die Blätter aus der Druckmaschine kommen, werden sie auf Seitengröße gefaltet. Manchmal geschieht dies von Hand, häufiger jedoch mit einer Faltmaschine, durch die das Blatt Papier geführt wird und auf stumpfe Messer trifft, die es rillen und falten. Wenn Sie oben auf ein Buch schauen, werden Sie feststellen, dass die Blätter in Gruppen oder „Signaturen" zusammengestellt sind. Diese Unterschriften umfassen normalerweise acht, sechzehn oder zweiunddreißig Seiten. Wenn das Papier sehr dick ist, umfasst eine Signatur nicht mehr als acht Blätter; bei normaler Dicke werden im Allgemeinen sechzehn verwendet. Die Unterschriften werden der Reihe nach gestapelt, und ein „Sammler" sammelt von jedem Stapel eine für jedes Buch.

Das Buch wird nun gesammelt und „zerschlagen" oder so stark gepresst, dass es fest und fest zum Binden ist. Als nächstes werden die Signaturen zusammengenäht und das Buch beschnitten, sodass die Kanten gleichmäßig sind. Wenn die Kanten vergoldet werden sollen , wird das Buch in eine Vergoldungspresse gelegt und ein geschickter Handwerker bedeckt die Kanten mit einer Leimmasse aus Eiweiß. Dann wird Blattgold auf sie gelegt und sie werden mit Werkzeugen mit Achat- und Blutsteinkopf oder Instrumenten verschiedener Art poliert, bis sie glänzen. Manchmal sind die Kanten „marmoriert", und es ist interessant, diesen Prozess zu beobachten. Auf die Oberfläche eines Bottichs mit dünner Leimmasse träufelt der Marmorierer etwas Farbe in vielen Farben. Dann fährt er mit einem Kamm leicht über die Oberfläche und erzeugt so alle möglichen seltsamen Figuren, von denen keine zwei gleich sind. Das Buch wird fest gehalten und die Kanten dürfen die Leimung berühren. Alle diese seltsamen Figuren sind jetzt auf die Blattränder übertragen und überstehen eine Menge harter Beanspruchung, bevor sie abnutzen.

Bisher ist das Buch an den Blatträndern und am Rücken flach. Bücher werden manchmal auf diese Weise gebunden, aber die Rückseiten sind normalerweise nach außen gebogen und die Vorderseiten nach innen. Das erledigt eine Maschine. An jedem Ende der Außenkurve ist eine tiefe Nut zur Aufnahme der Abdeckung eingedrückt. Um den Einband eines in Leinen gebundenen Buches herzustellen, werden zwei Stücke Pappe in der richtigen Größe zugeschnitten und auf ein mit Leim bestrichenes Stück Stoff gelegt. Die Ränder des Stoffes werden umgeschlagen und nach unten gedrückt, wie man oft erkennen kann, wenn die Papiereinlage des Einbandes nicht zu schwer ist. Zur Vervollständigung des Covers fehlen nur noch die Verzierungen. Dafür wird eine Stanze angefertigt und die Beschriftung und Verzierung farbig eingestanzt. Wenn mehr als eine Farbe verwendet wird, muss für jede Farbe ein eigener Stempel angefertigt werden. Wenn diese

Arbeit in Gold ausgeführt werden soll, wird das Muster leicht aufgestempelt und überall dort, wo das Gold entstehen soll, wird Leim aus Eiweiß aufgestrichen. Auf diese Leimung wird Blattgold gelegt und der Einband erneut gestempelt. Es wird die gleiche Matrize verwendet, aber dieses Mal ist sie heiß genug, damit das Gold und das Ei fest am Deckel haften bleiben. Um den Einband anzubringen, wird ein „Super" genanntes Stück Musselin auf die Rückseite des Buches geklebt, dessen Enden über die Seiten hinausragen, und ein Streifen Patronenpapier wird über den Super geklebt. Anschließend wird das Buch in den Einband eingeklebt. Nun wird es mehrere Stunden lang unter starkem Druck gehalten, bis es völlig trocken ist und für den Verkauf bereit ist.

So entsteht ein gut gemachtes Leinenbuch. In Leder gebundene Bücher sind teurer, nicht nur, weil ihre Materialien teurer sind, sondern auch, weil der Großteil der Binde- und Verzierungsarbeit von Hand erledigt werden muss. Wenn ein Buch illustriert werden soll, muss auch hierauf geachtet werden, Anzahl und Stil der Bilder festgelegt werden und der Künstler engagiert werden, bevor das Buch in Druck geht, damit es bei der Fertigstellung nicht zu Verzögerungen kommt.

Viele Verlage drucken überhaupt nicht, sondern lassen ihre Arbeit in einer Druckerei erledigen. Wo jedoch die gesamte Herstellung eines Buches, vom Manuskript bis zum Einband, in den Händen einer Firma liegt, herrscht zwischen den verschiedenen Abteilungen ein gewisses Zusammengehörigkeitsgefühl und ein gesunder Stolz darauf, jedes einzelne „unsere Bücher" hervorragend zu machen wie möglich bis ins kleinste Detail . Wie eine der Mitarbeiterinnen in einem solchen Unternehmen zu mir sagte: „Ich denke oft, dass wir uns für ein Buch fast genauso interessieren wie für die Autorin."

VI

VON Gänsefedern bis hin zu Füllfederhaltern und Bleistiften

Wann immer es auf dem Weg zur Schule einen bequemen Gänseweiher gab , machten die Kinder von vor weniger als hundert Jahren dort Halt, um Gänsefedern zu jagen. Sie trugen diese zum Lehrer und er schnitt sie mit seinem Taschenmesser – das seinen Namen von der Arbeit erhielt, die es verrichtete – in die Form von Stiften. Die Spitzen waren bald abgenutzt und „Lehrer, würden Sie bitte meinen Stift reparieren?" war eine häufige Anfrage.

Als man anfing, Stifte aus Stahl herzustellen, orientierten sie sich möglichst an Federkielen, bei denen Stift und Halter alles in einem waren. Diese wurden „Fassstifte" genannt. Sie waren steif, hart und teuer, zumal das Ganze unbrauchbar war, sobald die Feder abgenutzt war, aber sie wurden hoch geschätzt, weil sie länger hielten als Federkiele und nicht repariert werden mussten. Nach einer Weile wurden separate Stifte hergestellt, die in einen Halter gesteckt werden konnten; und eine Verbesserung nach der anderen folgte, bis nach und nach das billige, praktische Schreibgerät entstand, das wir heute haben.

Ein Stift ist ein kleines Ding, aber an jedem einzelnen wird von zwanzig bis vierundzwanzig Personen gearbeitet, bevor es verkauft werden darf. Das Material ist bester Stahl. Es kommt in Blättern von fünf Fuß Länge und 19 Zoll Breite und einer Dicke von etwa einem Vierzigstel Zoll, also dreimal so dick wie der fertige Stift. Die erste Maschine schneidet das Blatt quer in Streifen von 5 bis 7,6 cm Breite, je nach Größe des herzustellenden Stifts. Diese Streifen werden in Eisenkästen gelegt und mehrere Stunden lang auf Rotglut gehalten, um sie auszuglühen oder zu erweichen. Dann werden sie zwischen schweren Walzen hindurchgeführt, ein Vorgang, der sie nicht nur härter macht, sondern auch den Stahl dehnt, so dass er jetzt 50 statt 19 Zoll lang ist.

Mindestens sechs oder sieben Personen haben sich bereits mit dem Material befasst, und selbst jetzt gibt es nichts, was wie Stifte aussieht; aber die nächste Maschine schneidet sie heraus, natürlich mit Matrizen. Die Punkte überschneiden sich; und beim Schneiden bleiben seltsam geformte, durchbrochene Stahlstreifen für den Schrotthaufen übrig. Dieser Teil der Arbeit geht sehr schnell, denn die Maschine schneidet in einer Stunde Tausende von Stiften. Jetzt wird das kleine Loch über dem Schlitz gestanzt und die Seitenschlitze geschnitten. Um den Stahl weich und biegsam zu machen, muss er erneut geglüht, mehrere Stunden lang glühend heiß gehalten und anschließend abgekühlt werden. Bislang sah es aus wie ein winziger Zaunlattenzaun, aber mit der Zeit beginnt es einem Stift zu ähneln, denn es ist jetzt mit den gewünschten Buchstaben oder Mustern versehen, normalerweise mit dem Namen des Herstellers sowie dem Namen und der Nummer der Sorte Stift, und es wird zwischen zwei Matrizen gepresst, um eine Kurve zu formen. Beim letzten Glühen blieb das Metall weich, so dass all dies möglich war, aber zu weich, um gut als Stift zu funktionieren; und es muss erneut glühend heiß erhitzt und dann in kaltes Öl getaucht werden, um es zu härten. Die Zentrifugalkraft , die bei so vielen Herstellern hilfreich ist, treibt das Öl aus und die Stifte werden in Sägemehl getrocknet. Sie sind jetzt ausreichend hart, aber zu spröde. Sie müssen temperiert werden. Dazu werden sie in einen Eisenzylinder über einem Feuer gelegt und der Zylinder gedreht, bis die Feder so elastisch wie eine Feder ist.

Der Stift hat die richtige Form, ist zäh und elastisch; und nun wird es in „Taumelfässer" gefüllt, die sich drehen, bis es hell ist und für den letzten Schliff bereit ist. Wenn Sie sich die Außenseite eines Stahlstifts direkt über der Feder genau ansehen, werden Sie erkennen, dass darüber winzige Linien verlaufen. Sie haben einen Nutzen, denn sie halten die Tinte zurück, sodass sie nicht in Tropfen herunterrollt, und sie tragen dazu bei, dass die Spitze elastischer wird und sich leichter schreiben lässt.

Der Stift muss von der Spitze nach oben geschlitzt werden. Dies geschieht mit einer Maschine, und zwar mit höchster Genauigkeit, denn der Schnitt muss genau durch die Mitte der Spitze gehen und darf nicht über das kleine Loch hinausreichen, das gestanzt wurde. Jetzt fehlt nur noch eines, um die Feder zu einem nützlichen Mitglied der Gesellschaft zu machen, das bereit ist, seine Arbeit in der Welt zu tun; und das bedeutet, die Spitzen abzuschleifen und abzurunden, damit sie nicht im Papier kleben bleiben.

Nach so viel sorgfältiger Arbeit scheint es, als ob nicht einer von tausend Stiften fehlerhaft sein könnte; Aber jedes einzelne muss sorgfältig untersucht werden, um sicherzustellen, dass das Schneiden, Lochen, Markieren, Formen, Härten, Schleifen und Schlitzen genau das ist, was es sein sollte. Diese Stifte tragen den Namen des Herstellers, und wenn ein paar schlechte Exemplare auf den Markt kommen, könnte dies den Verkauf von Tausenden von Schachteln ruinieren; Deshalb sitzt der Prüfer vor einem mit schwarzem Glas bedeckten Schreibtisch und schaut auf jeden Stift. Die fehlerhaften werden so erhitzt, dass sie nicht mehr verwendet werden können, und landen auf dem Schrottplatz.

Nun sind die Stifte soweit nützlich, aber die Leute haben Vorlieben in Bezug auf die Farbe. Manche bevorzugen Bronze, manche Grau und manche Schwarz; So gehen die Stifte zum Temperierraum, ihrer letzten Reise, und werden dort in einem rotierenden Zylinder erhitzt, bis die richtige Farbe erscheint; Dann werden sie gekühlt und lackiert, in Schachteln verpackt, etikettiert, verpackt und zu so niedrigen Preisen verkauft, dass die guten Leute vor einem Jahrhundert, die zwischen 25 und 50 Cent für einen Stift bezahlt haben, vor Staunen die Augen geöffnet hätten . Als die Schreibmaschine erfunden wurde, sagten einige Leute: „Das wird der Tod des Stahlstifts sein"; aber tatsächlich hat es seinen Verkauf stark gesteigert. Mit der Schreibmaschine ist das Schreiben so einfach und schnell, dass viel mehr Briefe geschrieben werden als früher. Alle diese Briefe müssen beantwortet werden, und verglichen mit der ganzen Zahl besitzen nur wenige Menschen eine Schreibmaschine, und deshalb behält der Stift immer noch seinen Platz.

Der Lack eines Stahlstifts schützt ihn bis zum längeren Gebrauch. Danach rostet es, wenn es nicht abgewischt wird, und nutzt sich ab, egal ob es abgewischt wird oder nicht. Alles, was der goldene Stift verlangt, ist, dass er weder verbogen noch zerbrochen wird, und er wird fast ewig halten. Es hat die Flexibilität der Feder, muss aber nicht „ausgebessert" werden. Goldstifte werden auf die gleiche Weise hergestellt wie Stahlstifte; aber genau an diesem Punkt wird ein winziges Regal eingeklemmt. Auf diesem Regal wird ein Stück der Legierung aus zwei äußerst harten Metallen, Iridium und Osmium, durch das Schmelzen des Goldes um es herum befestigt; und es ist dieses Stück, das der Abnutzung durch das Reiben des Papiers standhält. Bei der Herstellung von Goldstiften wurden winzige Diamant- oder Rubinstücke als Spitzen aufgelötet; aber sie waren teuer und hatten die unangenehme Art, abzufallen.

Vor einem Jahrhundert hätten Schriftsteller es für den Gipfel des Luxus gehalten, einen goldenen Stift zu besitzen; aber jetzt sind sie nicht zufrieden, wenn ihnen nicht die Mühe erspart werden kann, den Stift in ein Tintenfass zu tauchen, und sie betrachten den Füllfederhalter als ihren besonderen Freund. Der Füllfederhalter trägt seine Vorräte mit sich. Der Stift selbst ist wie jeder andere Goldstift, aber der Schaft ist voller Tinte. Ein Röhrchen transportiert die Tinte zur Spitze, und durch leichtes Zurückbiegen der Feder beim Schreiben läuft sie auf das Papier. Am Ende des Schlitzes, auf der Rückseite des Stifts, befindet sich ein Loch, um Luft in den Schaft zu lassen, wenn die Tinte ausläuft. Ein perfekter Füllfederhalter sollte bereit sein, zu schreiben, ohne zu zittern, wann immer die Kappe abgenommen wird, und nicht den Dienst verweigern, solange noch ein Tropfen Tinte im Schaft verbleibt. Es sollte niemals Tinte auf die Spitze fallen, und egal, ob die Spitze oben oder unten ist, es sollte weder dort noch anderswo auslaufen.

Der stilografische Stift ist ein ganz anderer Artikel. Es gibt keinen Stift dafür; Geschrieben wird mit der Spitze einer Nadel, die durch ein Loch an der Spitze ragt. Der Schaft und die Spitze sind voller Tinte; Aber selbst wenn der Stift mit der Spitze nach unten gehalten wird, läuft er nicht aus, da die Nadel das Loch füllt. Wenn Sie zum Schreiben auf die Spitze des Papiers drücken, fällt die Nadel gerade so weit zurück, dass die benötigte Tinte austritt. Der Fluss stoppt, sobald der Stift das Papier nicht mehr berührt. Der besondere Vorteil der Stilografie besteht darin, dass das bloße Gewicht der Feder ausreichend Druck ausübt und daher viele Stunden Schreiben die Muskeln der Hand nicht ermüden. Der Vorteil des Füllfederhalters besteht darin, dass er über die gewohnte Wirkungsweise des Goldstifts verfügt und sich an jede Handschrift anpasst.

Fast jede Art von Kugelschreiber ist ein wertvoller Gegenstand, aber für den alltäglichen Gebrauch dürfte es uns schwer fallen, ohne seinen bescheidenen Freund, den Bleistift, auszukommen. Ein Bleistift enthält übrigens kein Bleiteilchen. Das „Blei" besteht vollständig aus Graphit oder Plumbago. Vor Jahren wurden zum Markieren Bleistäbe verwendet, die eine hellgraue Linie zeichneten. Als Graphit eingeführt wurde, war seine Markierung so schwarz, dass die Leute es schwarzes Blei nannten, und der Name ist geblieben. Niemand, der jemals versucht hat, einen Bleistift aus echtem Blei zu verwenden, konnte nicht umhin, Graphit zu schätzen, und als in England eine Graphitmine entdeckt wurde, wurde sie von bewaffneten Männern so wachsam bewacht, als wäre es eine Diamantenmine gewesen. Dieses Bergwerk war schon vor langer Zeit erschöpft, aber viele andere wurden gefunden. Der beste Graphit der Welt kommt aus Ceylon und Mexiko.

Als Graphit zum ersten Mal für Bleistifte verwendet wurde, wurde er in Platten und diese Platten in kleine Streifen geschnitten. Der gebrochene und pulverisierte Graphit wurde erst verwendet, als man entdeckte, dass er mit Ton gemischt und so zu Stäbchen verarbeitet werden konnte. In einem Bleistift sind nur drei Stoffe enthalten: Graphit, Ton und Holz, aber ein wirklich guter Bleistift muss mit der gleichen Sorgfalt hergestellt werden, als bestünde er aus zwanzig. Zunächst wird der Graphit gemahlen und gemahlen und gemahlen, bis man, wenn man eine Prise davon zwischen Daumen und Finger nimmt, kaum noch spürt, dass da etwas ist. Es wird nun durch feine Seide gesiebt und mit Wasser und fein pulverisiertem Ton vermischt, so dass eine feuchte, tintenartige Masse entsteht. Dieser Ton stammt aus Österreich und Böhmen und ist besonders glatt und fein. Die eingefüllte Menge wird sorgfältig abgewogen. Wenn Sie einen harten Bleistift haben, wurde dieser aus beträchtlichem Ton hergestellt; Wenn Ihr Bleistift weich ist, verwenden Sie nur sehr wenig; und wenn es sehr weich und schwarz ist, ist es möglich, dass etwas Lampenruß hinzugefügt wurde.

Diese tintenfarbene Masse wird mehrere Wochen lang zwischen Mühlsteinen vermahlen. Dann wird es durch die Rollen geführt, schließlich durch eine Matrize gepresst und kommt in weichen, teigigen schwarzen Fäden heraus. Das sind die „Minen" der Bleistifte. Sie wurden gründlich durchnässt und müssen nun gründlich getrocknet werden. Sie werden auf

Bretter gelegt, dann abgenommen, in bleistiftlange Stücke geschnitten, in Öfen gelegt und stundenlang bei einer Hitze gebacken, die zwanzigmal so groß ist wie die eines heißen Sommertages. Sie sollten auf jeden Fall gut getrocknet und bereit für das Holz sein. Die rote Zeder aus Florida, Tennessee, Georgia und Alabama ist das beste Holz für Bleistifte, da sie weich ist und eine feine, gerade Maserung hat. Es wird in Platten geschnitten, die etwa so lang wie ein Bleistift, so breit wie sechs und etwas dicker als ein halber Bleistift sind. Jedes Stück muss geprüft werden, um sicherzustellen, dass es perfekt ist, und es muss gründlich gewürzt und im Ofen getrocknet werden, um es von Öl zu befreien. Dann durchläuft es eine Nutmaschine, die eine Nut ausschneidet, die halb so tief ist wie das Blei. Die Mine wird in ein Stück gelegt, ein weiteres wird darauf geklebt; und da ist ein Bleistift zum Arbeiten bereit.

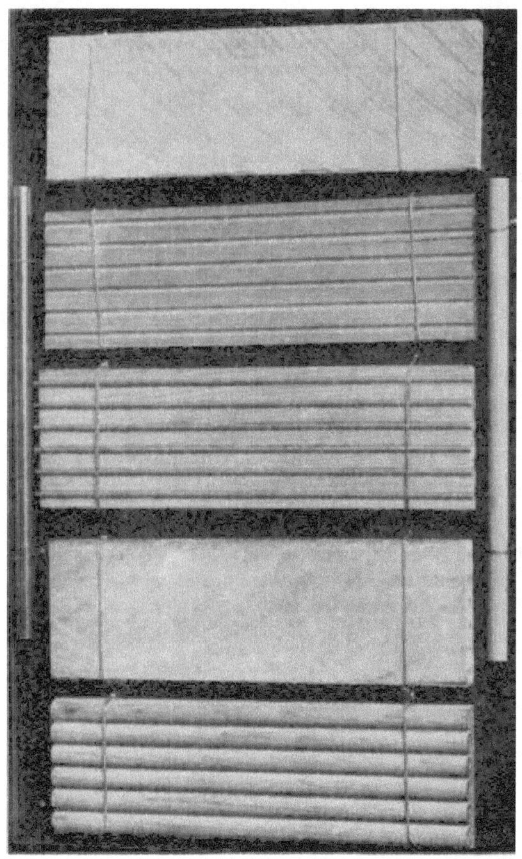

Mit freundlicher Genehmigung von Joseph Dixon Crucible Co.

WIE DAS BLEI IN EINEN BLEISTIFT KOMMT

(1) Die Zedernholzplatte. (2) Gehobelt und gerillt. (3) Die Leitungen sind vorhanden. (4) Mit der anderen Plattenhälfte abgedeckt. (5) Die runden Stifte ausschneiden. (6) Der Bleistift wird getrennt und geglättet. (7) Der Bleistift lackiert und gestempelt.

Ein solcher Bleistift wäre nützlich, aber um sich gut zu verkaufen, muss er auch hübsch sein; und deshalb durchläuft es Maschinen, die es je nach Fall rund, oval oder sechseckig machen, es glatt reiben und lackieren und dann mit Blattgold oder Blattsilber oder Aluminium oder Tinte den Namen darauf stempeln des Herstellers und zusätzlich eine Zahl oder ein Buchstabe, um anzugeben, wie hart die Mine ist.

Der Bleistift steht jetzt zum Verkauf bereit, aber viele Menschen möchten am Ende doch noch einen Radiergummi haben, und das erfordert noch mehr Arbeit. Diese Radiergummis sind rund oder flach oder sechsseitig oder keilförmig. Sie werden in den Bleistift selbst oder in eine Nickelspitze eingelassen oder wie eine Kappe über das Ende gezogen, so dass jedermanns besondere Laune befriedigt werden kann. Tatsächlich sollte es jemandem, so schwer es auch sein mag, ihn zufrieden zu stellen, in der Lage sein, einen Bleistift zu finden, der seinem Geschmack entspricht, denn eine einzige Fabrik in den Vereinigten Staaten stellt mehr als sechshundert Arten von Bleistiften her und stellt so viele davon her, dass ... Sie wurden aneinandergereiht und erreichten dreimal den gesamten Kontinent.

Es gibt viele überaus billige Stifte, aber am Ende sind sie teuer, weil sie schlecht verarbeitet sind. Das Holz spaltet sich beim Schärfen oft, und die Mine besteht aus minderwertigen Materialien, die so schlecht gemischt sind, dass sie an einer Stelle schwärzer schreiben kann als an einer anderen und mit ziemlicher Sicherheit bricht. Gute Bleistifte mit dem Namen einer zuverlässigen Firma sind am günstigsten.

VII

DIE GERICHTE AUF UNSEREN TISCHEN

Wenn dir jemand einen Klumpen Lehm gibt und dich bittet, eine Schüssel zu machen, wie solltest du das angehen? Das erste wäre natürlich, es auf einen Tisch zu legen, damit man mit beiden Händen daran arbeiten kann. Sie würden oben eine Vertiefung machen und die Seiten herausdrücken und sie so gut wie möglich glätten. Das Ergebnis wäre eine raue, unebene Art von Schüssel, und bevor es fertig war, hätten Sie eine Entdeckung gemacht, nämlich, dass Sie, wenn sich der Tisch nur vor Ihnen umdrehte, alle Seiten der Schüssel von derselben Seite aus sehen könnten Position, und es wäre einfacher, es regelmäßig zu machen. Genau das macht die Töpferscheibe. Es sind eigentlich zwei horizontale Räder. Die obere ist eine Scheibe mit einem Durchmesser von ein bis zwei Fuß. Dieser ist durch einen Schacht mit dem unteren verbunden, der wesentlich größer ist. Wenn der Töpfer an einer solchen Scheibe arbeitete, stellte er sich auf einen Fuß und drehte mit dem anderen die untere Scheibe, wodurch die obere Scheibe in Bewegung gesetzt wurde. Dies wurde als „Kick-Wheel" bezeichnet. Während jetzt Räder hergestellt werden, sitzt der Töpfer an seiner Arbeit und dreht das Rad mithilfe einer Trittfläche.

Fast jede Art von Ton eignet sich für ein Gericht, aber keine Sorte ist so gut, dass die Zugabe einer anderen Art es nicht verbessern würde. Welcher Ton auch immer gewählt wird, er muss mit größter Sorgfalt zubereitet werden, um sicherzustellen, dass kein Körnchen darin gröber ist als jedes andere. Manchmal rutscht man durch, und man kann am fertigen Gericht sehen, wie schlecht es aussieht. Selbst bei den gröbsten Tonwaren wie Blumentöpfen wird der feuchte Ton durch einen Zylinder und durch ein Drahtsieb gedrückt. und für Steinzeug und Porzellan muss es mehrere Prozesse durchlaufen. Wenn Feuerstein und Feldspat verwendet werden, werden diese im Steinbruch fein gemahlen. Bei der Ankunft in der Fabrik werden sie mit den richtigen Mengen anderer Tone vermischt – aber in welchem Verhältnis genau, ist eines der Geheimnisse des Handels. Dann gehen sie in „Plunger" oder „Blunger" über, große runde Tanks mit Armen, die von einem Schaft in der Mitte ausgehen. Die Welle dreht sich und die Arme schlagen den Ton, bis sich der gesamte Sand und die Kieselsteine auf dem Boden abgesetzt haben und die feinen Tonkörner im Wasser über ihnen schwimmen. Diese gehen in Leinentaschen über. Das Wasser wird durch die Leinwand gedrückt und auf jedem Beutel bleibt eine dünne Schicht feuchten Tons zurück. Wenn es für die feinste Arbeit verwendet werden soll, wird es noch mehr gemahlen, gestampft und gewaschen, bis es ein Wunder ist, dass etwas davon überlebt; Dann wird es durch ein Sieb gesiebt, das so fein ist, dass seine Maschen nur einen Hundertfünfzigstel Zoll breit sind. Jetzt wird es zum „Rutschen", und nach noch ein wenig Hin und Her ist es bereit, zu dem Mann am Steuer zu gehen.

Dieser Mann wird „Werfer" genannt, weil er den Tonklumpen über seinen Kopf hebt und ihn schwer auf die Mitte des Rades wirft. Die Dinge , die mit diesem Tonklumpen passieren, wenn er ihn berührt und sich das Rad dreht, scheinen ein Werk der Magie zu sein. Er drückt seine Daumen von oben hinein und zieht die Wände zwischen seinen Daumen und Fingern nach oben. Er umschließt es mit seinen Händen und es wird groß und schlank. Er legt seinen Finger auf die kleine Tonsäule und sie wird in einem Moment flach. Er zeigt mit dem Finger darauf, berührt ihn kaum, und es entsteht eine kleine Rille, die sich um die gesamte Masse zieht. Er scheint viel Zeit damit zu verschwenden, damit zu spielen, achtet aber gleichzeitig darauf, dass der Ton vollkommen gleichmäßig ist und keine Luftblasen darin sind. Er hält ein Stück Leder an die Außenfläche und einen feuchten Schwamm an die Innenseite, um sie vollkommen glatt zu machen; und im Handumdrehen hat er eine Schüssel gemacht. Er hält seinen gebogenen Finger gegen die Oberseite der Schüssel und sie wird zur Vase. Mit einer weiteren Berührung seines magischen Fingers rollt sich die Oberseite der Vase zu einem Rand zusammen. Wenn er eine Tasse oder einen Becher herstellt, modelliert er einen Henkel aus Ton und befestigt ihn mit Schlicker. Wenn es fertig ist, zieht er geschickt einen Draht zwischen dem Gegenstand und dem Tisch und legt ihn zum Trocknen auf ein Brett.

Wenn man einem Töpfer bei der Arbeit zuschaut, sieht alles so einfach und leicht aus, dass man das Gefühl hat, man könnte es schaffen; Aber sehen Sie, wie geschickt er seine Hände benutzt, wie stark sie sind und wie geschmeidig und zart sie sich bewegen. Sehen Sie, in welche seltsamen Positionen er sie manchmal streckt; und doch sind dies offensichtlich die einzigen Positionen, in denen sie ihre Arbeit erledigen könnten. Sehen Sie, wie jeder Finger genau das tut, was er tun möchte. Beachten Sie all diese Dinge, und Sie werden nicht mehr so sicher sein, ob das Töpfern die einfachste Sache der Welt ist.

Keine zwei Handarbeiten sind genau gleich; und so geschickt der Töpfer auch ist, seine Stücke sind nicht genau gleich. Viele davon werden daher zur Weiterverarbeitung an den Dreher übergeben. Er verwendet eine gewöhnliche Drechselbank und dünnt damit jede Stelle aus, die vielleicht etwas zu dick ist, rundet die Kante ab und glättet sie. Der Artikel ist bei der Entnahme teilweise getrocknet, so dass seine Wände dünner geschnitten werden können. Als es seine Drehbank verlässt, sind alle Spuren der Handarbeit verschwunden, aber die Schüssel ist genau wie die anderen des Sets, und das ist es, was sich die meisten Menschen wünschen. In einigen Töpfereien gibt es kaum ein Wurfrad, und die Artikel werden in Gipsformen geformt . Es gibt zwei Möglichkeiten, diese Formen zu verwenden . Bei einer Methode wird die Form auf einen „Jigger" gestellt, eine Kraftmaschine, die sie in Rotation hält, und Ton wird von innen gegen die Wände gedrückt. Über der Form befindet sich ein Stück Eisen, das in die Form der Innenkrümmung der Schüssel oder was auch immer geformt ist, geschnitten ist. Dadurch wird der überschüssige Lehm von der Innenseite der Wände abgesaugt. Teller und Untertassen werden auf einem Jigger hergestellt. Die für diese Arbeit verwendete Form ist ein Modell der Oberseite des Tellers. Der Arbeiter macht aus Ton eine Art Pfannkuchen und wirft ihn auf die Form . Eine zweite Form , die wie die Hälfte des Tellerbodens geformt ist, wird in die Nähe gebracht und dreht sich, schneidet den gesamten überschüssigen Ton ab und formt den Boden des Tellers.

Wenn die allerfeinsten Waren hergestellt werden sollen, wird die Form auf ganz andere Weise verwendet. Wenn beispielsweise ein Krug gegossen werden soll, wird die Form in zwei Teile geteilt und fest zusammengebunden. Dann wird der Schlicker hineingegossen und eine Weile stehen gelassen. Der Gips nimmt das Wasser auf und es bildet sich rund um die Wände eine Lehmschicht. Wenn diese dick genug ist, wird die Flüssigkeit ausgegossen, und nachdem der Krug eine Weile getrocknet ist, wird die Form vorsichtig geöffnet und der Krug ganz vorsichtig herausgenommen. Der Griff ist aus einer eigenen kleinen Form gefertigt und mit einem Slip befestigt. Auf diese Weise wird „Eierschalen"-Porzellan hergestellt. Die Tonschale wird beim Trocknen kleiner, so dass man sie problemlos aus der Form lösen kann – wenn man weiß, wie. Wenn ein großer Artikel gegossen werden soll, wird die Form in Abschnitten hergestellt. Natürlich müssen diese feinen Waren alle von Hand hergestellt werden, zumal Maschinen mit den feinsten Tonen nicht gut funktionieren; Aber billige Gerichte werden alle maschinell hergestellt.

Nachdem ein Tongegenstand geworfen, geformt oder gegossen wurde, wird er durch eine kleine Tür geführt und auf ein Regal in einem großen Drehkäfig gestellt. Die Luft in diesem Käfig wird auf etwa 30 °C gehalten; aber diese Hitze hat nichts mit dem zu tun, was folgen wird; und nachdem die Gegenstände gründlich getrocknet sind, werden sie in Kisten aus grobem Schamotteton, die „ Krüge " genannt werden, gelegt, in einem Brennofen aufgestapelt, die Türen werden geschlossen und die Feuer werden angezündet. Einen Tag und eine Nacht lang, manchmal auch zwei Tage und zwei Nächte lang, brennen die Feuer. Die Hitze steigt auf 2000° oder 2500° F. Alle paar Stunden werden Teststücke, die zu diesem Zweck eingelegt wurden, herausgenommen. Wenn sich herausstellt, dass sie ausreichend gebacken sind, werden die Feuerlöcher zugemauert und der Ofen noch zwei Tage zum Abkühlen stehen gelassen. Die Ware wird dann „Keks" genannt.

Keks ist matt und porös. Es soll bald glasiert werden, aber zunächst kann die gewünschte Unterglasurverzierung vorgenommen werden. Manchmal werden die Dekorationen von Hand bemalt, manchmal werden sie auf dünnes Papier gedruckt, auf das Geschirr gelegt und sanft gerieben, bis sie fest haften. Nach einiger Zeit wird das Papier abgezogen, die Farben bleiben jedoch erhalten. Über die Glasur muss Gold aufgetragen und der Artikel ein zweites Mal gebrannt werden.

Nach dem Dekorieren wird die Ware im Allgemeinen an einen Mann weitergegeben, der vor einer Wanne mit Glasur steht und jeden Artikel darin eintaucht, obwohl er manchmal auch vor den Warenstücken steht und sie mit einer Luftbürste besprüht. Es werden viele verschiedene Arten von Glasuren verwendet, die aus gemahlenem Feuerstein, Feldspat, weißem Ton und anderen Substanzen bestehen. Hervorragend funktioniert gewöhnliches Meersalz, nicht in flüssiger Form, sondern direkt ins Feuer geworfen. Bei der Herstellung einer Glasur muss vor allem darauf geachtet werden, dass die darin enthaltenen Materialien denen in der Ware so nahe kommen, dass sie sich nicht ungleichmäßig zusammenziehen und kleine Risse bilden. Diese Glasur wird in einem heißen Raum getrocknet und dann von „Trimmern" überprüft, die sie beispielsweise von den Füßen von Tassen und Tellern abkratzen, damit sie beim Brennen nicht an den Schalen kleben bleiben . Darüber hinaus werden kleine Stützen aus gebranntem Ton verwendet, um das Geschirr hochzuhalten und zu verhindern, dass es sich gegenseitig berührt. Diese Requisiten haben fantasievolle Namen wie „Sporen", „Stelzen", „Cockspors" usw. Oft kann man auf der Unterseite eines Tellers die von diesen Stützen hinterlassenen Markierungen sehen.

IN DER TÖPFEREI

Grobe Tonwaren werden zum Brennen in den Ofen gebracht.

Die Artikel werden nun zum Brennen in einen Ofen geschickt. Wenn sie herauskommen, gibt es eine weitere Chance zum Dekorieren, denn es können Farben aufgetragen werden, und ein weiterer Brand lässt sie wie Unterglasurmalerei aussehen. Wenn der Dekorateur möchte, dass die Ware den Anschein erweckt, als wäre sie mit Massen von Gold verziert, kann er dies nachzeichnen Gestalten Sie es mit gelber Paste, brennen Sie es, bedecken Sie es mit Gold und brennen Sie es erneut. Um das bei den guten Hausfrauen des letzten Jahrhunderts so beliebte „ Goldband- Porzellan " herzustellen, stellt der Dekorateur den Teller auf ein horizontales Rad, hält seinen mit Gold gefüllten Pinsel dagegen und dreht das Rad langsam. Manchmal werden die Umrisse eines Designs gedruckt und die Farbe von Hand aufgetragen . Wenn breite Farbstreifen um einen Teller oder einen anderen Gegenstand gelegt werden sollen, trägt der Dekorateur manchmal ein Klebeöl auf die Stelle auf, an der die Farbe angebracht werden soll, und bemalt den Rest des Tellers mit etwas Wasserfarbe und Zucker. Wenn das Öl dann teilweise trocken ist, stäubt er die Farbe in Pulverform auf. Ein Tauchgang ins Wasser wäscht die Wasserfarbe weg und das Öl mit dem daran haftenden Pulver bleibt zurück. Die schattierte Grundierung wird mit einem Zerstäuber hergestellt. Tatsächlich gibt es fast so viele Methoden zum

Verzieren von Tonwaren, wie es Menschen gibt, die damit arbeiten . Die Ergebnisse sind das, was man von den Preisen erwarten kann; Manche Artikel sind so billig und protzig, dass man sie schnell satt hat. Andere sind wirklich künstlerisch und werden eine „ewige Freude" sein – bis sie kaputt gehen.

VIII

Wie sich die Räder einer Uhr drehen

Wenn ein Elektroauto in fünfzehn Sekunden aufgeladen werden könnte und dann vierzig Stunden ohne Aufladen fahren würde, würde das als großes Wunder gelten; Aber eine Uhr in fünfzehn Sekunden aufzuziehen und vierzig Stunden lang laufen zu lassen, ist so üblich, dass wir vergessen, was für ein Wunder das ist. Wenn Sie Ihre Uhr aufziehen, stecken Sie einen Teil der Kraft Ihrer eigenen rechten Hand hinein, und das ist es, was sie in Bewegung setzt. Mit jeder Umdrehung des Schlüssels oder des Vorbaus wird eine Feder von einem bis zwei Fuß Länge immer fester, aber so dünn, dass man Tausende braucht, um ein Pfund zu wiegen. Dies ist die Hauptquelle. Es ist in einem becherförmigen Metallstück aufgerollt, das „Fass" genannt wird; und so wird Ihre eigene Energie buchstäblich in Ihrer Uhr zusammengeballt. Das äußere Ende dieser Feder wird von einem Haken an der Innenseite des Laufs festgehalten; Das innere Ende ist an der Nabe eines Rades befestigt, das „Hauptrad" genannt wird, und um diese Nabe ist die Feder gewickelt.

Dieser Frühling hat drei Dinge zu tun. Der „kurze Zeiger" oder Stundenzeiger muss alle zwölf Stunden einmal um das Zifferblatt oder Zifferblatt der Uhr herumlaufen; Es muss den „langen Zeiger" oder Minutenzeiger etwa einmal pro Stunde senden. und es muss auch den kleinen „Sekundenzeiger" einmal pro Minute um seinen eigenen winzigen Kreis bewegen. Für diese Arbeit sind vier Räder erforderlich. Das erste oder Hauptrad ist mit den Aufzugsanordnungen verbunden und setzt das zweite oder Zentralrad in Bewegung, das so genannt wird, weil es sich normalerweise in der Mitte der Uhr befindet. Dieses Mittelrad dreht sich einmal pro Stunde und dreht den Minutenzeiger. Durch eine geschickte Anordnung der Zahnräder bewegt es auch den Stundenzeiger alle zwölf Stunden einmal um das Zifferblatt. Das mittlere Rad bewegt das dritte Rad. Die Hauptaufgabe des dritten Rades besteht darin, die vierte Drehung in die gleiche Richtung wie das mittlere Rad auszuführen. Das Sekundenrad dreht sich einmal pro Minute und mit ihm dreht sich auch der kleine Sekundenzeiger.

Angenommen, eine Uhr besteht nur aus der Hauptfeder, den vier Rädern und den drei Zeigern. Was würde dann passieren, wenn sie aufgezogen würde? Das lässt sich sehr leicht feststellen, indem man eine mechanische Maus, einen Zug aus Autos oder ein anderes Spielzeug mit Federmechanismus aufzieht. Zuerst geht es schnell, dann immer langsamer und dann hört es auf. Eine solche Bewegung mag für eine Maus genügen, für eine Uhr wäre sie jedoch nicht ausreichend. Eine Uhr muss sich stabil und regelmäßig bewegen. Um dies zu erreichen, gibt es ein fünftes Rad. Seine fünfzehn Zähne haben die Form von Haken, und es verfügt über sieben Begleitungen, die Unruh, die Spiralfeder und fünf weitere. Dieses Rad ist zusammen mit seinen Begleitungen in der Lage, die Bewegung der Uhr fünfmal pro Sekunde anzuhalten und so schnell wieder in Gang zu setzen, dass wir gar nicht merken, dass sie angehalten wurde. Ein winziger Arm hält das Rad fest und lässt es dann los. Daher werden das fünfte Rad und seine Begleiter auch „Hemmung" genannt . Dieses Fangen und Loslassen macht das Ticken aus.

Eine auf diese Weise hergestellte Uhr würde sehr gut laufen, bis ein heißer oder ein kalter Tag kam; dann gäbe es Ärger. Hitze führt dazu, dass sich Metalle ausdehnen und Federn weniger elastisch werden. Daher würde die Uhr an einem heißen Tag langsamer gehen und so Zeit verlieren; während es an einem kalten Tag zu schnell gehen und Zeit gewinnen würde. Dieser Fehler wird durch die Unruh korrigiert, ein Rad, dessen Rand nicht aus einem Kreis, sondern aus zwei Halbkreisen besteht und so geschickt gefertigt ist, dass sein Durchmesser umso kleiner wird, je heißer dieser Rand wird. In der Felge des Rades befinden sich winzige Löcher, in die Schrauben eingeschraubt werden können. Durch Hinzufügen oder Entfernen von Schrauben oder durch Ändern der Position einiger Schrauben kann das Uhrwerk schneller oder langsamer laufen.

All dies wäre schwierig genug zu bewältigen, wenn eine Uhr so groß wie ein Wagenrad wäre und die Räder einen Durchmesser von einem Fuß hätten; Aber es scheint ein Wunder zu sein, wie so viele Arten von Rädern, Schrauben und Federn, insgesamt einhundertfünfzig, in einem Gehäuse untergebracht werden können, das manchmal nicht mehr als einen Zoll Durchmesser hat, und Platz zum Arbeiten finden; und es ist ein ebenso großes Wunder, wie sie hergestellt und gehandhabt werden können.

Wenn man bedenkt, wie genau jedes Stück sein muss, ist es kein Wunder, dass ein Junge in der Schweiz, wo früher alle diese Arbeiten von Hand erledigt wurden, vierzehn Jahre lang eine „Uhrenschule" besuchen musste, bevor man davon ausging, dass er wirklich in der Lage war, eine Uhr anzufertigen feine Uhr. Er begann ganz am Anfang und lernte, zunächst Holzgriffe für seine Werkzeuge herzustellen, dann die Werkzeuge selbst, wie Feilen, Schraubenzieher usw. Seine nächste Arbeit bestand darin, hölzerne Uhrengehäuse in der Größe von Esstellern herzustellen. Danach bekam er den Rahmen gegeben, an dem die verschiedenen Räder einer Uhr befestigt sind, und lernte, wie und wo man die Löcher für Räder und Schrauben bohrt. Nachdem er Unterricht in der Herstellung der feineren Werkzeuge erhalten hatte, durfte er ein Uhrengehäuse herstellen. Das alles dauerte mehrere Jahre, denn er musste immer wieder die gleiche Arbeit machen, bis seine Lehrer damit zufrieden waren. Dann wurde er in das zweite Zimmer befördert. Hier lernte er, die Teile des Spindelaufzugs zu justieren, feines Schneiden und Feilen durchzuführen und Uhren herzustellen, die die Stunde und sogar die Minute schlagen konnten. Raum drei wurde „Zugraum" genannt, weil die Räder einer Uhr als „Zug" bezeichnet werden. Die Modelluhr in diesem Raum war so groß wie eine Untertasse. Der junge Mann musste jedes Detail studieren und auch den Umgang mit einer feinen kleinen Maschine erlernen, die so feine Arbeit leistete, dass sie 2400 winzige Zahnräder in eines der kleinen Räder einer Uhr schneiden konnte. Im vierten Raum lernte er, das Hemmungsrad und einige andere Teile herzustellen; und er musste sie nicht nur passabel, sondern hervorragend machen. Im fünften und letzten Raum muss er die sorgfältige und geduldige Arbeit verrichten, die dafür sorgt, dass eine Uhr perfekt läuft. Es gibt spezielle kleine Kurven, die der Spirale gegeben werden müssen; und die Schrauben an der Unruh müssen sorgfältig eingestellt werden. Wenn die Uhr im Liegen schneller lief als im hängenden Zustand, erfuhr er, dass bestimmte Lager zu grob waren und feiner gefertigt werden mussten . Kurz gesagt, er muss in der Lage sein, eine Uhr herzustellen, die, egal ob sie hängt oder liegt und ob das Wetter heiß oder kalt ist, nicht mehr als höchstens zweieinhalb Sekunden pro Tag von der korrekten Zeit abweicht. Damals und erst dann galt der Student als erstklassiger Uhrmacher.

Der Absolvent einer solchen Schule wusste, wie man eine ganze Uhr herstellt, beschränkte seine Arbeit jedoch normalerweise auf einen Teil. Jedes Teil einer Uhr wurde speziell für diese Uhr hergestellt, aber manchmal arbeiteten hundert verschiedene Personen daran. Die allerbesten Schweizer Uhren waren außerordentlich gut; Die Ärmsten waren sehr schlecht und viel schlechter zu besitzen als eine schlechte amerikanische Uhr, weil die Reparatur einer Schweizer Uhr mehr kostet als die einer amerikanischen Uhr.

Mit freundlicher Genehmigung von Waltham Watch Co.

WO UHREN HERGESTELLT WERDEN

Einst fertigte ein einzelner Mann eine ganze Uhr von Hand. Nun kann eine Uhr das Produkt von hundert Händen sein, wobei jeder seinen besonderen Beitrag leistet.

Auch wenn in Amerika die Teile von Uhren maschinell hergestellt werden, muss ein Lehrling hier eine ebenso sorgfältige und ausführliche Ausbildung absolvieren wie in der Schweiz. Eine schlechte Uhr ist schlimmer als gar keine, und nachlässiges Arbeiten würde in keiner Uhrenfabrik toleriert werden. In letzter Zeit importiert sogar die Schweiz amerikanische Maschinen, um mit den Vereinigten Staaten zu konkurrieren. Diese Maschinen erledigen so sorgfältige, minutiöse und komplizierte Arbeit, dass man beim Betrachten das Gefühl hat, sie müssten wissen, worum es geht. Einer von ihnen nimmt den Rahmen, das heißt die Platten, an denen die Räder befestigt sind, macht ihn in der richtigen Dicke, schneidet die nötigen Löcher hinein und übergibt ihn an die nächste Maschine, die danach greift . Der Feeder gibt der ersten Maschine eine weitere Platte; und so geht die Arbeit entlang einer ganzen Reihe von Maschinen weiter. Schließlich wird die Platte von einer Maschine bzw. einer Gruppe von Maschinen in die Hand genommen, die fast alles kann. Bevor sie es loslassen, führen sie tatsächlich einhundertzweiundvierzig verschiedene Operationen durch, die es jeweils der Vollendung näher bringen. Diese Maschinen sind automatisch, müssen aber dennoch ständig von erfahrenen Maschinisten überwacht werden, um sie in Ordnung zu halten und sicherzustellen, dass sie einwandfrei funktionieren.

Während eine Reihe von Maschinen die Platte perfektionierte, arbeiteten andere an Schrauben, Rädern und Federn. So viele davon, wie für eine Uhr benötigt werden, werden in eine kleine Abteilung eines Tabletts gelegt und in einen anderen Raum für ihre Juwelen und den Rest ihrer Ausstattung getragen. Die Juwelen, bei denen es sich um Rubine, Saphire, Granate oder sogar Diamanten handelt, sind für eine Uhr sehr wertvoll. Wenn man weiß, dass die kleinen Rädchen ständig in Bewegung sind und dass beispielsweise die Unruh achtzehntausend Mal pro Stunde vibriert, ist es offensichtlich, dass es an der Stelle, an der die Drehzapfen dieser Rädchen ruhen, zu einem enormen Verschleiß kommt. Kein Metall kann glatt genug gemacht werden, um Reibung zu verhindern, und es gibt kein Metall, das hart genug ist, um Verschleiß zu verhindern. Die „Juwelen" sind glatter und härter. Sie werden in so dünne Platten gesägt, dass fünfzig davon aufgeschichtet nur einen Zoll messen würden. Diese werden zum Polieren auf Blöcke geklebt, in Scheiben geschnitten, die auf einer Seite flach, auf der anderen aber mit einer kleinen Vertiefung zur Aufnahme von Öl versehen sind, durch die Mitte gebohrt und dort platziert, wo der Verschleiß am größten ist – vorausgesetzt, der Käufer ist bereit, dafür zu zahlen . Eine „vollbesetzte" Uhr enthält 23 Steine; Das heißt, an 23 Stellen, an denen die stärkste Abnutzung auftritt oder wo Reibung den einwandfreien Gang der Uhr verhindern könnte, gibt es praktisch keinen Verschleiß und keine Reibung. Eine preisgünstige Uhr enthält nur sieben Steine, aber wenn Sie möchten, dass eine Uhr lange hält, lohnt es sich, eine vollbesetzte Uhr zu kaufen.

Und nun müssen diese Platten und Räder und Schrauben zusammengefügt oder „montiert" werden, wie diese Arbeit genannt wird. Dies ist eine einfache Sache, sobald man weiß, wo die einzelnen Teile hingehören, denn sie werden maschinell hergestellt und passen sicher. Nach dem Zusammenbau erfolgt die Justierung der Unruh und der Spiralfeder. An dieser Arbeit ist nichts Einfaches, denn die winzigen Schrauben mit den großen Köpfen müssen mit größter Sorgfalt in den Rand der Unruh eingesetzt werden, sonst sind alle anderen Arbeiten nutzlos und die Uhr zeigt keine perfekte Zeit an Hüter; das heißt, jemand, der im Monat weder mehr als dreißig Sekunden verliert noch gewinnt.

Man sagt, dass die frühesten in Europa hergestellten Uhren fünfzehnhundert Dollar kosteten und die Herstellung ein Jahr dauerte. Es gab schon immer eine Nachfrage nach einer günstigen Taschenuhr, und in letzter Zeit wurde diese Nachfrage durch die Herstellung der „Dollaruhr" befriedigt. Eigentlich handelt es sich dabei gar nicht um eine Uhr, sondern um eine kleine Federuhr. Es hat keine Juwelen und seine Teile werden maschinell aus Messing- oder Stahlblech gestanzt. Die Haarfedern werden in Achterwindungen hergestellt und dann auseinandergebrochen ; und die Hauptfedern werden kilometerweit hergestellt. Zwanzig Löcher werden gleichzeitig gebohrt, und die Fabrik, in der erstmals „Dollar-Uhren" hergestellt wurden, ist heute in der Lage, fünfzehntausend pro Tag herzustellen.

IX

DIE HERSTELLUNG VON SCHUHEN

Haben Sie jemals darüber nachgedacht, wie viele verschiedene Qualitäten Sie von einem Schuh erwarten? Sie möchten, dass die Sohle hart und fest ist, um Ihre Füße beim rauen Gehen zu schützen; und außerdem weich und nachgiebig, sodass es sich federnd und nicht brettartig anfühlt. Das Oberleder soll verhindern, dass kalte Luft eindringt. und außerdem porös genug, um den Schweiß abzulassen. Deine Füße sind nicht genau wie die anderer; Und doch erwartet man, in jedem Schuhgeschäft einen bequemen Schuh fertig zu finden. Sie erwarten, dass sich der Schuh eng an Ihren Fuß anschmiegt und Sie ihn dennoch mit vollkommener Bewegungsfreiheit bewegen können. Sie erwarten all diese guten Eigenschaften, und was noch bemerkenswerter ist, es scheint für die meisten Menschen nicht schwierig zu sein, sie zu erlangen. Es gibt ein altes Sprichwort: „Wer Schuhe trägt, für den ist die ganze Erde mit Leder bedeckt"; Und obwohl bei der Schuhherstellung viele verschiedene Materialien ausprobiert wurden, ist Leder das einzige, das sich als zufriedenstellend erwiesen hat, zumindest für die Schuhsohle. In letzter Zeit werden jedoch auch Gummi und Gummikombinationen sowie Filze und Filzkombinationen verwendet.

Die meisten Häute, aus denen Seezungen hergestellt werden, stammen aus den großen Rindfleischverpackungsbetrieben oder aus Südamerika. Ziegenfelle kommen aus Afrika und Indien. Der größte Teil einer Haut besteht aus einer Art Gelatine. Dieses verdirbt leicht und muss deshalb „gegerbt" werden; das heißt, eingeweicht in Tannin und Wasser. Wenn ein Mann sich daran machte, eine Gerberei zu bauen, ging er in den Wald, wo er sicher sein konnte, dass es genügend Eichen gab, um ihn viele Jahre lang mit der Rinde zu versorgen, aus der Tannin hergestellt wird; Es wurde jedoch festgestellt, dass die Rinde mehrerer anderer Baumarten, wie Lärche, Kastanie, Fichte, Kiefer und Hemlocktanne, genauso gut bräunt wie die der Eiche. Tannin wird nun im Wald zubereitet und zu den Gerbern gebracht, die ihre Gerbereien dort errichten, wo sie wollen, meist in der Nähe einer Großstadt. Die Häute werden zunächst in Wasser eingeweicht und jedes Fleischteilchen abgekratzt. Sie werden eine Zeit lang in Haufen ausgelegt, dann in einem warmen Raum aufgehängt, bis sich die Haare lösen und leicht entfernt werden können, und dann in Gerbstoffextrakt und Wasser eingeweicht. Das Tannin verbindet sich mit der Gelatine; und so wird die Haut zu Leder. Dieser Prozess dauert mehrere Monate. Häute werden auch durch den Einsatz von Chemikalien gegerbt, was als „Chrom"-Gerbung bezeichnet wird. Dieser Vorgang dauert nur wenige Stunden, ist aber teuer.

In früheren Zeiten ging der Schuhmacher mit seinem Schoßstein , seinem gewachsten Ende, seiner Ahle und anderen Werkzeugen von Haus zu Haus. Der Bauer stellte das Leder zur Verfügung, das er aus den Häuten seines eigenen Viehs gegerbt hatte. Jetzt können Hersteller jedoch die Sohlen eines Händlers, die Absätze eines anderen, die Kastenspitze und die Versteifungen eines anderen usw. kaufen. In den Vereinigten Staaten gibt es viele Fabriken, die nichts anderes tun, als Sohlen zu schneiden, oder besser gesagt, sie mit Stempeln auszustanzen , hundert oder mehr in einer Minute. Diese Sohlen und auch die weniger schweren Innensohlen durchlaufen Maschinen, die alle Teile auf eine gleichmäßige Dicke bringen. Der reisende Schuhmacher hämmerte immer sein Sohlenleder, um es besser zu tragen; aber jetzt erfüllt ein Moment zwischen sehr schweren Rollen den gleichen Zweck. Eine andere Maschine spaltet die Innensohle um etwa einen Viertelzoll herum und bildet so eine kleine Lippe, an die der Rahmen genäht werden kann. Für die Ferse werden mehrere Lagen oder „Aufzüge" aus Leder zusammengeklebt und starkem Druck ausgesetzt.

Die oberen Teile eines Schuhs, die „Oberteile", wie sie genannt werden, sind das Obermaterial oder die Vorderseite des Schuhs, die Oberseite, die Spitze und (bei einem Schnürschuh) die Zunge. Fast das gesamte Oberleder, das man beim Tragen eines Schuhs sieht, besteht aus Häuten von Rindern, Kälbern, Ziegen und Schafen; aber neben den sichtbaren Teilen gibt es Versteifungen für die Box-Toe und die Counters, um die Viertel über der Ferse zu stützen; Es gibt Futter und viele andere notwendige „Erkenntnisse", insgesamt vierundvierzig Teile in einem gewöhnlichen Schuh. In jeden dieser vierundvierzig Teile ist viel Experimentieren und mehr Nachdenken eingeflossen; und viel daran denken, dass Schuhe stärker beansprucht werden als alles andere in der Garderobe. So müssen die Baumwollfutterstoffe besonders gewebt sein, damit sie lange halten und nicht „scheuern", wenn sie durch Wasser oder Schweiß nass werden. Sie werden mit größter Sorgfalt gebleicht, um sie nicht zu schwächen, und zwischen glühenden Kupferplatten angesengt, um den gesamten Flor zu entfernen.

Außerdem wird bei der Herstellung eines Schuhs viel Metall verwendet, nicht nur für die Zierschnallen an Abendschuhen und die schweren, nützlichen Schnallen an Sturmstiefeln, sondern auch für verschiedene Teile, die dazu beitragen, den Schuh stark und langlebig zu machen. Es gibt Nägel, Ösen zur Verstärkung des Schuhgewölbes, Metallösen für die Knöpfe und Ösen. Vor nicht allzu langer Zeit waren die Ösen bald messingfarben, und dann sah der Schuh alt und billig aus. Sie sind nun emailliert oder bestehen auf der Oberseite aus Zelluloid in einer zum Schuh passenden Farbe. Auch die Laschen an den Schnürsenkeln und die Haken zum Halten der Schnürsenkel sind emailliert. Zur Unterstützung der Box-Toe-Versteifung wird ein „Box-Toe-Gummi" eingesetzt. Zement bedeckt die Nähte; und bei der Endbearbeitung der Arbeit werden viele Arten des Schwärzens verwendet. Es ist keineswegs ein einfacher Vorgang, ein Paar Schuhe herzustellen.

In einer geschäftigen Schuhfabrik ist immer „Tag Day", denn wenn eine Bestellung eingeht, besteht der erste Schritt bei der Ausführung darin, ein Etikett oder Formular auszufertigen, auf dem steht, wie der Schuh gefertigt werden soll und wann er fertig sein soll . Diese Aufzeichnungen bleiben erhalten, und wenn ein Kunde schreibt: „Schicken Sie mir 100 Paar Schuhe, wie sie am 10. Oktober 1910 bestellt wurden", muss der Hersteller nur die Aufzeichnungen lesen, um genau zu wissen, was er wollte.

Mit freundlicher Genehmigung von United Shoe Mchy . Co.

DIE GOODYEAR-ZIEHMASCHINE

Diese Maschine kostete 1.500.000 US-Dollar und fünf Jahre Experimentieren, um sie zu perfektionieren. Es formt den vorderen Teil des Schuhoberteils über einem Holzleisten.

Anschließend erfolgt die Auswahl des Leders erster oder zweiter Güteklasse, je nach dem zu zahlenden Preis. Jetzt kommen die Schnittmuster für das Obermaterial ins Spiel – und es ist übrigens keine Kleinigkeit, die Hunderten von Schnittmustern vorzubereiten, die für eine neue Schuhlinie in allen verschiedenen Weiten und Größen benötigt werden. In einigen Fabriken erfolgt das Schneiden maschinell; In anderen Fällen legt der „Oberschneider" das Leder auf einen Block und schneidet mit einem kleinen, aber sehr scharfen Messer um das Muster herum. Es braucht Geschick und Urteilsvermögen, um ein Cutter zu sein; Denn ein unvorsichtiger Arbeiter kann die Felle leicht verschwenden, wenn er die Muster nicht optimal aufträgt. Während diese Arbeit im Gange ist, werden auch die Futterstoffe, Besätze, Sohlen und andere Teile vorbereitet, und all diese vielen Teile treffen nun in der „Nähstube" aufeinander. Auf den ersten Blick sieht es nicht so aus, als ob jemals die richtigen zusammenkommen könnten, auch wenn sie markiert sind, und manchmal kommt es auch vor, dass zum Beispiel ein 4a-Vamp mit 5a-Vierteln kombiniert wird und niemand den Unterschied bis dahin erkennt Das erfahrene Auge des Meisters bemerkt, dass mit dem Schuh etwas nicht stimmt. Das Obermaterial des Schuhs wird nun vernäht und nach einer sorgfältigen Prüfung in die Zwickerei geschickt. Das „letzte" der früheren Zeiten wurde grob herausgeschnitten und war für beide Füße gleich; aber der Leisten von heute ist fast ein Kunstwerk, so sorgfältig ist er gefertigt und poliert. Die Schuhhersteller behaupten scherzhaft, dass die Leisten dreimal am Tag gewechselt werden müssten, um mit der Mode Schritt zu halten. Die Form der Füße verändert sich nicht, es sei denn, sie wurden durch schlecht geformte Schuhe verformt; Trotzdem bestehen die Menschen darauf, ihre Schuhe lang und schmal oder kurz und weit zu tragen, mit hohen Absätzen oder mit niedrigen Absätzen, mit breiten Zehen oder mit spitzen Zehen, je nach Laune des Augenblicks. Für die Schuhhersteller ist es wirklich ein großes Problem, den Wünschen der Menschen gerecht zu werden und ihnen dennoch ein gewisses Maß an Komfort zu bieten.

Während das Obermaterial genäht wird, werden die Sohlen, Innensohlen und Einlegesohlen vorbereitet und in die Zwickerei gebracht. Die Zehenversteifungen und auch die Konterplatten sind nun an ihren Stellen einzementiert. Die Innensohle wird am Leisten festgeheftet, der Schaft wird eingesetzt und dort durch einen Riegel an der Ferse gehalten. Dies geschieht durch Maschinen; aber ihre Arbeitsweise ist einfach im Vergleich zu der der Maschine, die sich nun um den halbfertigen Schuh kümmert. Diese Maschine treibt robuste kleine Zangen aus, die den Rand des Oberteils ergreifen, es sanft und gleichmäßig an seinen Platz ziehen und einen Stift weit genug hineintreiben, um ein Verrutschen zu verhindern. Jetzt kommt das Kedern. Ein Rahmen ist ein schmaler Lederstreifen, der rund um den Schuh, außer an der Ferse, an der Unterkante des Schafts angenäht ist. Dadurch werden das Obermaterial, die Lippe der Innensohle und der Rahmen zusammengeführt. Die Innenseite des Schuhs ist jetzt glatt und eben, aber um die Außenseite der Sohle herum befindet sich die durch den

Rahmen und die Nähte entstandene Kante und innerhalb der Kante eine Vertiefung, die ausgefüllt werden muss. Hierzu werden Teerpapier oder Kork in einer Art Zement verwendet. Der Schaft wird an seinem Platz befestigt und der Keder glatt und gleichmäßig gemacht. Die Außensohle wird mit Gummikitt beschichtet, unter starkem Druck so positioniert, dass sie genau der Leistensohle entspricht, und dann mit dem Rahmen vernäht. Ohne den Rahmen müsste die Außensohle direkt mit der Innensohle vernäht werden. Auch das Nageln und Heften des altmodischen Schuhmachers wird von der modernen Maschine reproduziert.

An der Ferse ist der Schuh noch offen; aber jetzt sind die Fersenteile von Sohle und Schaft aneinander befestigt; Die Kanten wurden schön zugeschnitten, und als nächstes werden die Absätze von einer anderen Maschine an den Schuh genagelt, die die Arbeit auf einen Schlag erledigt und die Nägel etwas unterhalb der untersten Hebehöhe hervorstehen lässt. Diesen wird ein weiterer Auftrieb aufgezwungen; und deshalb weist der Absatz eines neuen Schuhs keine Spuren von Nägeln auf. Der Absatz wird beschnitten und anschließend erfolgt das abschließende Schmirgeln und Schwärzen. Die Unterseite eines neuen Schuhs hat ein besonders weiches, samtiges Aussehen und Gefühl; und dies wird durch Reiben mit feinem Schmirgelpapier erreicht, das auf einem kleinen Gummipad befestigt ist. Eine Prägemaschine prägt die Sohle mit dem Namen des Herstellers. Zuletzt wird der Schuh auf eine Spannmaschine gelegt, wo ein Eisenfuß ihn genau in die Form des hölzernen Leistens streckt, auf dem er hergestellt wurde.

Auf diese Weise werden viele Schuhe hergestellt, es gibt jedoch viele Unterschiede im Detail. Schnürschuhe müssen sowohl Zungen als auch Ösen haben, während geknöpfte Schuhe Knöpfe und Knopflöcher haben müssen. „Gedrehte" Schuhe haben keine Innensohle, sondern Obermaterial und Außensohle werden mit der linken Seite nach außen zusammengenäht und dann gewendet. Wenn ein Hersteller in der Schuhherstellung wie in allen anderen Branchen erfolgreich sein will, muss er darauf achten, dass es keinen Abfall gibt. Er hat natürlich keine Verwendung für einen unvorsichtigen Zuschneider, der vielleicht große Lederstücke verschwenden würde; Aber selbst die kleinsten Fetzen sind für einen bestimmten Zweck von Wert. Sie können mit Chemikalien behandelt, durch Kochen erweicht und zu Brettern oder anderen Gegenständen gepresst oder zu Bodenbelägen verarbeitet werden. Auf jeden Fall müssen sie für etwas genutzt werden. Kein Unternehmen ist klein oder groß genug, um Verschwendung zu ertragen.

X

IN DER BAUMWOLLSPINNE

Wenn Sie ein Stück Baumwollstoff zerzwirnen, werden Sie feststellen, dass es aus winzigen Fäden besteht, von denen einige nach oben und unten verlaufen, andere von rechts nach links. Diese Fäden sind für ihre Größe bemerkenswert stark. Betrachten Sie eines unter einer Lupe in strahlendem Licht und Sie werden sehen, dass die kleinen Fasern, aus denen es besteht, fast wie Glas glänzen. Untersuchen Sie es genauer und Sie werden sehen, dass es verdreht ist. Brechen Sie es, und Sie werden feststellen, dass es nicht scharf abbricht, sondern sich auseinanderzieht, sodass an beiden Enden viele Fasern hervorstehen.

Baumwolle kommt in fest gepressten Ballen in die Fabrik, und die Arbeit des Herstellers besteht darin, sie zu diesen kleinen Fäden zu verarbeiten. Die Ballen sind groß und wiegen jeweils vier- bis fünfhundert Pfund. Sie sind im Allgemeinen etwas zerlumpt, da sie aus grober, schwerer Jute gefertigt sind. Der erste Blick auf einen geöffneten Baumwollballen ist etwas entmutigend, denn vollkommen sauber ist er keineswegs. Blatt- und Stängelstücke werden mit der Baumwolle vermischt, und sogar einige der kleineren Samen, die durch den Gin gerutscht sind. Es gibt Staub, und zwar in Hülle und Fülle, den das grobe Sackleinen nicht abgehalten hat. Das erste, was Sie tun müssen, ist, die Baumwolle zu lockern und sauber zu machen. Große Arme voll werden in eine Maschine namens „Ballenbrecher" geworfen. Walzen mit Stacheln, die stumpf sind, um die Faser nicht zu verletzen, fangen sie auf und zerreißen die Klumpen, und „Schläger" werfen sie zu einer leichten, schaumigen Masse. Etwas anderes passiert mit der Baumwolle, während sie in der Maschine ist, denn sie wird ständig von einem Luftstrom durchströmt, der den Staub und die Schmutzpartikel herausbläst. Dieser Strom wird wie der Zug eines Ofens gesteuert und darf gerade stark genug sein, um die Baumwolle vom Schläger wegzuziehen, wenn dieser leicht und offen geworden ist, so dass die härteren Massen weiter geschlagen werden können. Wenn es aus dem Öffner kommt, liegt es in Blättern oder „Runden" vor, die drei bis vier Fuß breit und nur einen halben Zoll dick sind. Sie sind weiß und flauschig und fast wolkenartig; und so dünn, dass noch verbleibender Sand oder abgebrochene Blätter durch ihr eigenes Gewicht herausfallen.

Bei dieser Arbeit hat sich der Hersteller zum Ziel gesetzt, die Baumwolle nicht nur zu reinigen und flauschig zu machen, sondern sie auch zu vermischen. Es gibt viele Arten von Baumwolle, einige haben längere oder feinere oder lockigere oder stärkere Fasern als andere, einige sind weiß und andere haben einen farbigen Schimmer; aber das aus Baumwolle gewebte

Tuch muss gleichmäßig sein; deshalb müssen alle diese Arten gründlich gemischt werden. Sogar das Hin- und Herwerfen und Wenden und Schlagen, das es bereits erhalten hat, reicht nicht aus, und es muss in einen „Scutcher" gehen, drei oder vier Runden hintereinander, um noch mehr Schläge und Staub zu bekommen. Wenn es herauskommt, liegt es in einer langen Rolle oder einem Bogen vor, sodass jeder Meter davon fast genauso viel wiegt wie jeder andere Meter. Die Fasern liegen jedoch „in alle Richtungen", und bevor sie zu Fäden ausgezogen werden können, müssen sie parallel ausgerichtet werden . Dies geschieht zum Teil durch Kardieren. Als die Menschen zu Hause spinnen und webten, benutzten sie „Handkarten". Diese ähnelten in gewisser Weise Haarbürsten, hatten aber anstelle von Borsten Drähte, die so geformt waren, als wären Haarnadeln aus Draht zweimal gebogen und so durch Leder gesteckt worden, dass auf einer Seite Haken entstanden wären. Dieses Leder wurde dann auf eine Holzrückseite genagelt und mit einem Griff versehen. Der Karder nahm eine Karte in jede Hand und bürstete die Baumwolle dazwischen, wobei die Haken in die entgegengesetzte Richtung zeigten, sodass die Fasern parallel lagen. Genau das geschieht in einer Mühle, natürlich nur mit Maschinen. Anstelle der kleinen Handkarten gibt es große Zylinder, die mit sogenannter „Kartenbekleidung" bedeckt sind; das heißt, Leinwand voller gebogener Drähte, sechs- oder siebenhundert pro Quadratzoll. Dies ersetzt eine Karte. Die Stelle des anderen wird durch sogenannte „Flats" oder schmale Eisenstangen gefüllt, die mit Pappbespannung bedeckt sind. Die Zylinder bewegen sich schnell, die Flachzylinder langsam und die Baumwolle bewegt sich zwischen ihnen hindurch. Es kommt in einem zierlichen weißen Film heraus, der nicht viel schwerer ist als ein Spinnennetz und so schön weiß und glänzend, dass es nicht so aussieht, als ob die großen, öligen, lauten Maschinen es jemals hätten herstellen können. In einem Moment ist es jedoch irgendwo in den Tiefen der Maschine verschwunden. Wir haben den letzten Teil des flauschigen Lakens gesehen, denn die Maschine verengt ihn und rundet ihn, und als er wieder in Sicht kommt, sieht er aus wie eine weiche, runde Schnur mit einer Dicke von etwa einem Zoll und ist in Dosen von fast einem Meter Höhe aufgerollt. Diese Schnur wird „Splitter" genannt.

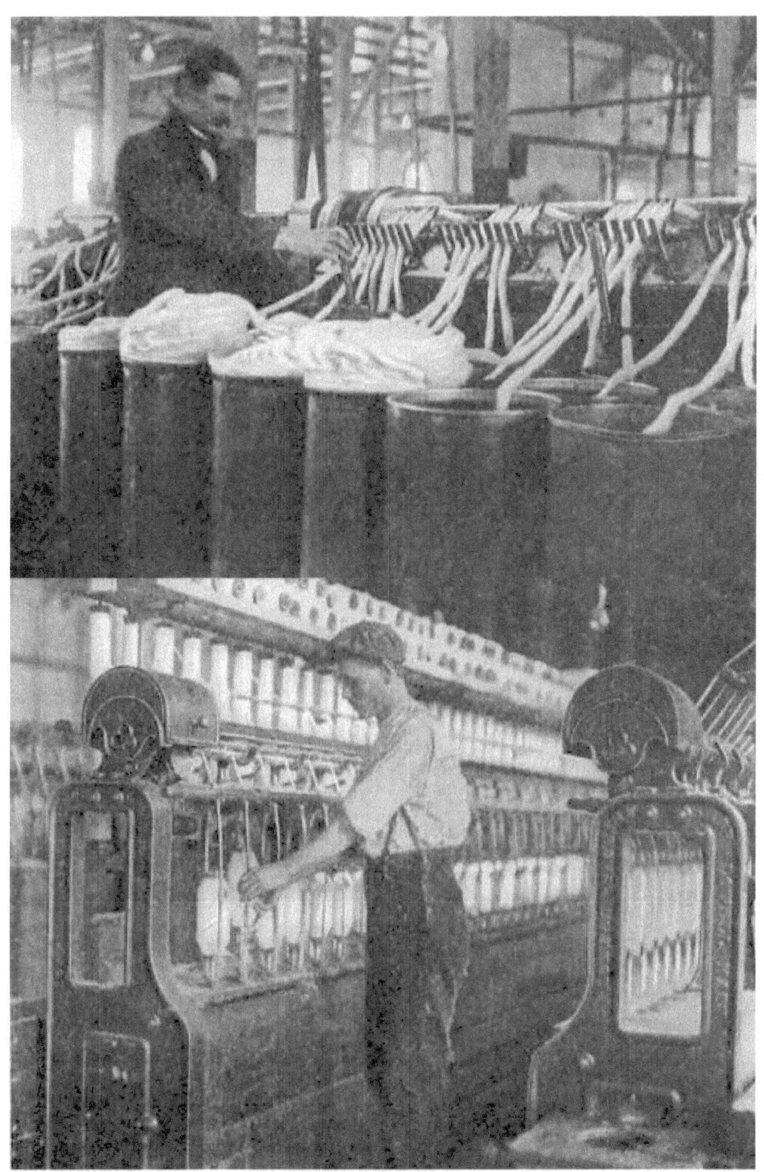

IN EINER BAUMWOLLSPINNE

**Das „Faserband", das durch die Maschine läuft, und das „Vorgarn",
das gedreht und auf Spulen aufgewickelt wird.**

Der Splitter ist nicht einheitlich; Selbst jetzt sind seine Fasern nicht ganz
parallel und es ist so schwach wie nasses Seidenpapier. Es stattet nun dem

„Zeichenrahmen" einen Besuch ab. Vier oder sechs Bänder werden zusammengefügt und durch diesen Rahmen geführt. Sie bewegen sich zwischen vier Walzenpaaren, wobei sich das erste Paar langsam, die anderen schneller bewegen. Das langsame Paar hält die Splitter zurück, während das schnelle Paar sie weiterzieht . Das Ergebnis ist, dass die Fasern des Bandes viel gerader sind, wenn es von den Walzen kommt. Dieser Vorgang wird mehrmals wiederholt; Und schließlich , wenn das letzte Faserband herauskommt, sind seine Fasern parallel, obwohl es fast genauso aussieht wie damals, als es aus der Karde kam. Es ist viel einheitlicher, aber sehr zerbrechlich und muss dennoch mit größter Sorgfalt behandelt werden. Es ist bei weitem nicht stark genug, um zu einem Faden gedreht zu werden. und bevor dies geschehen kann, muss es drei weitere Maschinen durchlaufen. Der erste oder „Slubber" verleiht ihm eine ganz leichte Wendung, gerade genug, um anzudeuten, was später kommt, und macht ihn dadurch natürlich kleiner. Die Baumwolle ändert bei jeder Operation ihren Namen und wird nun „Roving" genannt. Es hat einen großen Schritt nach vorn gemacht, denn jetzt ist es nicht mehr in Dosen aufgerollt, sondern auf „Bobbins", also großen Spulen, aufgewickelt. Die zweite Maschine, der „Intermediate Speeder", dreht es noch ein wenig weiter und spult es auf frische Spulen auf. Außerdem werden zwei Rovings zusammengefügt, sodass, wenn eines an einer Stelle dünn ist, die Möglichkeit besteht, dass es durch eine dickere Stelle an der anderen verstärkt wird. Die dritte Maschine, der „Feinraser", stellt einfach ein feineres Vorgarn her.

All diese Arbeiten müssen lediglich durchgeführt werden, um die Rohbaumwolle so vorzubereiten, dass sie zu den winzigen Fäden verdreht wird, die man sieht, wenn man ein Stück Baumwollstoff zerwirrt. Jetzt kommt die eigentliche Verdrehung. Wenn Sie ein Ende einer sehr weichen Saite befestigen, das andere Ende drehen und auf eine Spule wickeln, erhalten Sie eine Spule mit einer feineren, stärkeren und härter gedrehten Saite als zuvor. Genau das macht der „Ringspinner". Stellen Sie sich eine Spule voller Vorgarn vor, die auf einem Rahmen steht. Unten befinden sich einige Rollen, zwischen denen der Faden von der Spule zu einer zweiten Spule gelangt, die fest auf einer Spindel sitzt. Um diese Spindel herum befindet sich der „Spinnring", ein Ring, der durch ein endloses Band zum Drehen gebracht wird. Durch dieses Wirbeln wird der Faden verdreht und ein anderer Teil der Maschine wickelt ihn auf die zweite Spule. Hunderte dieser Ringspinnmaschinen und Spulen sind auf einem einzigen „Spinngestell" untergebracht und leisten in kürzester Zeit viel. Die Fäden, die für den „Schuss" oder „Schuss" verwendet werden sollen, gelangen nach dem Spinnen direkt in die Schiffchen der Weber; Aber diejenigen, die für die

„Kette" verwendet werden sollen, werden zuerst auf Spulen und dann auf Balken gewickelt, um in den Webstuhl zu gelangen.

Kleine Kinder weben Papierstreifen, Strohhalme und Schienen zusammen – „über einem, unter einem" – und das Weben von einfachem Baumwollstoff ist im Prinzip nichts anderes als das. Das erste, was man beim Weben tun muss, ist, die Kette gleichmäßig zu spannen. Diese Kette besteht einfach aus vielen hundert winzigen Fäden, so lang wie der Stoff sein soll, manchmal vierzig oder fünfzig Meter. Sie müssen nebeneinander und dicht nebeneinander ausgestreckt sein . Um sie regelmäßig zu machen, werden sie zwischen den Zähnen einer Art aufrechtem Kamm geführt; Dann werden sie auf den Webstuhlbalken gewickelt , einen horizontalen Balken an der Rückseite des Webstuhls. Hier sind sie so nah beieinander, wie sie es im Stoff sein werden. Mit einer Lupe ist es einfach, die Kettfäden in einem Zoll Stoff zu zählen. Einige Stoffarten haben eine Länge von 100 oder sogar mehr pro Zoll. Um Stoff herzustellen, muss es dem Weber irgendwie gelingen, jeden zweiten dieser kleinen Fäden herabzulassen und sein Schiffchen darüber zu führen, so wie es die Kinder beim Papierweben mit den Papierstreifen machen. Dann muss er das andere Set absenken und das Shuttle darüber fahren *lassen* . „Einzeichnen" macht dies möglich. Nachdem die Fäden den Balken verlassen haben, werden sie durch die „Geschirr" gezogen. Das sind voreinander hängende Rahmen, die mit steifen, senkrechten Fäden oder festgezogenen Drähten gefüllt sind und in jedem Faden eine Öse haben. Durch diese Ösen werden die Fäden der Kette gezogen, die ungeraden durch das eine und die geraden durch das andere. Dann werden die Fäden in der gleichen Reihenfolge gehalten und durch die Zähne eines „Rohrs" geführt – das heißt eines hängenden Rahmens in Form eines großen Kamms, solange der Webstuhl breit ist; und zuletzt werden sie am „Vorderbalken" befestigt, der vor dem Sitz des Webers verläuft und auf dem das Tuch nach dem Weben aufgerollt wird. Jeder Gurt ist mit einem Trittbrett verbunden. Der Weber setzt seinen Fuß auf die Trittfläche der einzelnen Fäden und drückt sie nieder. Dann lässt er sein Schiffchen, das eine Spule voller Garn enthält, über die ungeraden Fäden und unter die geraden Fäden gleiten. Er setzt seinen Fuß auf das Pedal der geraden Fäden und schickt das Schiffchen über die geraden und unter die ungeraden zurück. Bei jeder Fahrt des Schiffchens wird das schwere Rohr zum Weber zurückgezogen, um den letzten Faden des Schusses oder der Füllung fest an seinen Platz zu drücken.

Auf diese Weise werden Stoffe auf Handwebstühlen gewebt, die früher in jedem Haushalt zu finden waren. Der in Fabriken verwendete Webstuhl ist selbst in seiner einfachsten Form eine komplizierte Maschine; aber sein Prinzip ist genau das gleiche. Wenn Farben verwendet werden sollen, ist große Sorgfalt bei der Anordnung von Kette und Schuss erforderlich. Wenn Sie ein Stück kariertes Gingham-Karomuster entwirren, werden Sie feststellen, dass die Hälfte der Kette weiß und die andere Hälfte farbig ist. und dass beim Einbringen des Schusses oder der Füllung eine bestimmte Anzahl der Fäden weiß und eine gleiche Anzahl gefärbt ist. Wenn Sie sich das Weben einer Tischdecke genau ansehen, werden Sie feststellen, dass die satinartigen Figuren gewebt werden, indem der Füllfaden nicht „über eins und unter eins“, sondern oft über zwei oder drei und unter eins geführt wird. Bei Drillingen oder anderen gezwirnten Waren müssen mehrere Geschirre verwendet werden, da der Kettfaden nicht direkt in einer Linie mit dem vorhergehenden, sondern diagonal abgesenkt wird. Solche Arbeiten erforderten früher viel Geschick und Geduld; Aber die berühmte Jacquard-Maschine schafft das mit Leichtigkeit und kann kompliziertere Webarbeiten ausführen, als man sich vor ihrer Erfindung jemals hätte träumen lassen, denn sie webt nicht nur regelmäßige Figuren, die sich über den Stoff erstrecken, sondern kann auch dazu gebracht werden, Blumenbüschel einzuführen. eine Figur oder ein Gesicht, wo immer es gewünscht wird. Dadurch kann jeder kleine Kettfaden oder jede kleine Fadengruppe durch einen eigenen Hakendraht angehoben werden, ohne einen anderen Faden zu behindern. Für jedes Muster werden Karten aus Papier oder dünnem Metall angefertigt, die überall dort, wo der Haken hindurchgleiten und einen Faden hochheben soll, ein Loch lassen. Nachdem die Karten einmal angefertigt sind, ist die Arbeit so einfach wie das Leinwandweben; Für jeden Füllfaden des Musters muss jedoch eine eigene Karte vorhanden sein, und manchmal waren für ein einzelnes Design bis zu dreißigtausend Musterkarten erforderlich.

Die Maschinen einer Baumwollspinnerei sind das Ergebnis langjähriger Experimente. Sie scheinen nicht ganz so „menschlich“ zu sein wie diejenigen, die bei der Weiterführung einiger Teile anderer Manufakturen helfen; aber sie sind wunderbar genial. Beispielsweise ist das Band so leicht, dass es kaum Gewicht zu haben scheint, aber es balanciert eine winzige Stütze aus. Wenn das Band reißt, fällt die Stütze und die Maschine stoppt. Auch hier gilt: Wenn einer der Kettfäden beim Aufwickeln auf den Baum reißt, fällt ein dünner, gebogener Draht, der daran aufgehängt war, herunter. Es fällt zwischen zwei Rollen und stoppt diese. Dann weiß der Handwerker, dass etwas nicht stimmt, und zeigt auf den ersten Blick, wo Aufmerksamkeit erforderlich ist. Der Erfolg in einer Baumwollspinnerei erfordert ständige Liebe zum Detail. Ein Mühlenmanager, der sehr erfolgreich war, hat denjenigen mit weniger Erfahrung einige kluge Anweisungen zum Betrieb einer Mühle gegeben. Zum einen erinnert er sie daran, dass Bauen teuer ist und dass die Grundfläche zählt. Wenn durch die Neuanordnung von Webstühlen Platz für mehr Spindeln geschaffen werden kann, lohnt sich eine Neuanordnung. Er fordert sie auf, ihre Maschinen zu untersuchen und zu prüfen, ob sie so langsam arbeiten, dass sie nicht so viel wie möglich leisten können, oder so schnell, dass sie die Arbeit überfordern. Er fordert sie auf, ihre Ausrüstung sauber zu halten, in ihren Befehlen klar und deutlich zu sein und die Handelspapiere zu lesen; Vor allem aber muss man auf die kleinen Dinge achten, ein kleines Leck im Mühlendamm, ein wenig zu viel Spannung in einem Riemen oder den Stillstand nur einer Spindel. Hierin liegt, sagt er, einer der großen Unterschiede zwischen einem erfolgreichen und einem erfolglosen Superintendenten.

Das Weben, wie es in Fabriken praktiziert wird, ist ein kompliziertes Geschäft. Aber egal, ob es mit einem einfachen Handwebstuhl in einer Hütte oder mit einem großen Webstuhl in einer großen Fabrik gemacht wird, es gibt immer drei Bewegungen. Man trennt die Kettfäden; einer steuert das Shuttle zwischen ihnen; und man schwingt das Blatt gegen den gerade eingelegten Füllfaden.

XI

Seidenraupen und ihre Arbeit

Seide hat etwas besonders Angenehmes. Es gibt nur wenige Menschen, die den Glanz einer weichen Seide, das Funkeln des Lichts auf einem „Taft" und den Reichtum der Seide, die „allein stehen kann", nicht mögen. Sein zartes Rascheln ist bezaubernd und die „Haptik" ist ein Genuss. Es hat nicht die Kühle von Leinen, die Frische von Baumwolle oder die „Kratzigkeit" von Wolle. Es erfreut das Auge, das Ohr und die Berührung.

Die Raupen einiger Schmetterlinge und vieler Motten spinnen seidenähnliche Fasern. Zu den Letzteren gehört die wunderschöne blassgrüne Mondmotte. Spinnen spinnen eine glänzende Faser, und es wird gesagt, dass es einem Spinnenliebhaber durch viel Streicheln und Aufmerksamkeit gelungen ist, beträchtliches Material aus einer Gruppe von Spinnen zu bekommen. Seidenraupen sind jedoch die einzigen Lieferanten echter Seide auf der Welt. Hin und wieder werden begeisterte Berichte darüber veröffentlicht, wie einfach sie beschafft werden können und wie viel Geld man damit mit sehr geringem Kapital verdienen kann. Dieses Geschäft erfordert jedoch, wie alle anderen Geschäftsarten auch, besondere Aufmerksamkeit und Geschick, um erfolgreich zu sein. Ein Experte sagte, dass der Bau einer Seidenspule mehr Zeit benötige als der Bau einer Lokomotive.

Um mit der Aufzucht von Seidenraupen zu beginnen, muss man ihnen zunächst etwas zu essen bieten. Sie sind sehr wählerisch , was ihre Speisekarte angeht. Das Blatt der Osage- Orange wird antworten, aber das Blatt der weißen Maulbeere gefällt ihnen viel besser. Schicken Sie dann eine Viertelunze Seidenraupeneier zu einem zuverlässigen Händler. Das hört sich nach einer kleinen Bestellung an, bringt Ihnen aber neun- oder zehntausend Eier, aus denen sich, wenn alles gut läuft, zu robusten kleinen Seidenraupen entwickeln können. Stellen Sie sie auf einen Tisch mit einem mit braunem Papier bedeckten Drahtgeflecht und halten Sie sie angenehm warm. In ein oder zwei Wochen werden einige kleine Würmer erscheinen, die etwa einen Zentimeter lang und mit schwarzen Haaren bedeckt sind. Diese winzigen Würmer müssen eine Länge von mindestens sieben Zentimetern erreichen und es wird erwartet, dass sie das Kunststück in etwa einem Monat schaffen. Wenn ein 1,20 Meter großer Junge einen Monat lang mit der Geschwindigkeit der Seidenraupe wachsen würde, würde er 12,5 Meter groß werden. Es ist kein Wunder, dass die Würmer eine Aufgabe darin haben, zu fressen, oder dass der Tierhalter eine Aufgabe darin haben muss, sie mit Nahrung zu versorgen. Sie essen die meiste Zeit und machen dabei ein komisches kleines Knistergeräusch. Sie nehmen täglich vier bis acht Mahlzeiten mit Maulbeerblättern zu sich. Die Würmer aus einer Viertelunze Eier beginnen mit einem Pfund pro Tag und steigern sich bis zu 40 bis 50 Pfund. Seidenraupen mögen viel frische Luft, und damit sie gedeihen können, muss ihr Tisch sauber gehalten werden. Eine gute Möglichkeit, dies zu erreichen, besteht darin, Papier mit Löchern darüber zu legen, die groß genug sind, damit sie hindurchklettern können. Lege die Blätter auf das Papier; Die Würmer kommen durch die Löcher zum Fressen nach oben und der Müll auf ihrem Tisch kann weggeräumt werden. Wenn die Würmer größer werden, müssen die Löcher größer gemacht werden. Kein Wunder, dass ihnen die Haut bald zu eng wird. Tatsächlich verlieren sie für ein oder zwei Tage den Appetit, verkriechen sich in eine ruhige Ecke unter den Blättern und wünschen sich einfach, es gäbe keine anderen Würmer, die sie stören könnten. Bald löst sich die Haut, und sie machen die verlorene Zeit so energisch wieder gut, dass sie ihre straffe Haut noch dreimal abwerfen müssen, bevor sie ausgewachsen sind. Man darf ihnen keine nassen Maulbeerblätter geben, sonst werden sie krank und sterben, und das Seidenraupengeschäft mit dieser Viertelunze Eier ist erledigt. Sie müssen sowohl auf ihrem Tisch als auch in ihren Fellen viel Platz haben. Zunächst reicht ein Tablett oder Tisch mit einer Länge von zwei Fuß und einer Breite von etwas mehr als einem Fuß aus; aber wenn sie ausgewachsen sind, benötigen sie etwa achtzig Quadratmeter Tisch oder Regale. Zum Schleuderzeitpunkt wird selbst das nicht ausreichen.

Nachdem sich die Würmer viermal gehäutet und dann acht bis zehn Tage lang so viel gefressen haben, wie sie nur können, haben sie das Gefühl, als hätten sie genug. Sie fressen jetzt sehr wenig und werden wirklich kleiner. Sie sind unruhig und wandern umher. Hin und wieder werfen sie Seidenfäden aus, die so fein sind wie ein Spinnennetz. Sie wissen genau, was sie wollen; Jeder kleine Wurm möchte einen Kokon machen, und alles, was er von dir verlangt, ist, ihm den richtigen Ort zu geben, an dem er hineinschlüpfen kann. Wenn sie draußen in Freiheit leben, befestigen sie ihre Kokons an Zweigen; Und wenn Sie ihnen das geben möchten, was ihnen am besten schmeckt, besorgen Sie reichlich trockene Zweige und flechten Sie sie zu Bögen zusammen, die über den Regalen stehen . Schon bald werden Sie beobachten, wie ein Wurm nach dem anderen die Zweige hinaufklettert und sich einen Platz für seinen Kokon aussucht. Bald wirft es Fäden aus seiner Spinndüse, einer winzigen Öffnung in der Nähe des Mundes, aus und bildet eine Art Netz, um den Kokon zu stützen, den es weben will.

Die Seidenraupe schien gierig zu sein, aber sie fraß nicht ein Blatt zu viel für die Aufgabe, die vor ihr lag. An ihm ist nichts Faules; Und jetzt arbeitet er mit aller Kraft daran, seinen Kokon zu erschaffen. Er beginnt außen und formt sie wie eine besonders pralle Erdnuss in einem klaren, blassen Gelb.

Beim Austritt aus der Spinndüse wird die Seide mit einer Art Gummi verfestigt. Der fleißige kleine Wurm macht sich daran, seine Fäden in Form einer Acht zu verlegen. Seit einiger Zeit ist der Kokon so dünn, dass man ihn beobachten kann. Es wird geschätzt, dass sein winziger Kopf jede Minute neunundsechzig Bewegungen ausführt.

Die Bedeckung wird dicker und der Raum für die Seidenraupe wird kleiner. Nach etwa zweiundsiebzig Stunden legen Sie Ihr Ohr an den Kokon, und wenn innen alles ruhig ist, ist er fertig und der Wurm ist darin eingeschlossen. Während er in der Stille seines seidenen Bettes schläft, passieren ihm seltsame Dinge, denn er verwandelt sich in eine trockene braune Puppe ohne Kopf und Füße. Dann passieren andere, noch erstaunlichere Dinge, denn nach etwa drei Wochen drückt das kleine Geschöpf die Fäden an einem Ende des Kokons auseinander und kommt heraus, überhaupt keine Seidenraupe, sondern eine Motte mit Kopf, Flügeln, Beinen und Augen . Diese Motte legt Hunderte Eier und stirbt in weniger als drei Wochen.

Das wird die Seidenraupe tun, wenn man sie in Ruhe lässt; aber es ist die Aufgabe des Seidenhändlers, dafür zu sorgen, dass er nicht allein gelassen wird. Ungefähr acht Tage nach Beginn des Kokons wird er gedämpft oder gebacken, um die Puppe abzutöten, damit sie nicht herauskommen und die Seide verderben kann. Aus einer Viertelunze Eier ergeben etwa 30 Pfund Kokons. Jetzt ist es an der Zeit, besonders wachsam zu sein , denn es gibt nichts, woran Ratten und Mäuse so viel Freude haben wie an einer dicken, süßen Puppe; und sie kümmern sich überhaupt nicht um die drei- oder viertausend Meter Seide, die um jeden einzelnen gewickelt sind.

Diese Seide abzunehmen ist eine heikle Arbeit. Eine einzelne Faser ist nicht viel größer als der Faden eines Spinnennetzes und bevor die Seide verwendet werden kann, müssen mehrere Fäden zu einem vereint werden. Zunächst wird der Kokon in warmem Wasser eingeweicht, um das Zahnfleisch zu lösen, mit dem der Wurm seine Fäden zusammengeklebt hat. Seidenenden aus einem halben Dutzend oder mehr Kokons werden zusammengeführt, durch ein kleines Loch in einer Führung geführt und als ein Faden auf eine Spule gewickelt. Dies erfordert Geschick und Übung, denn die aufgerollte Seide muss immer die gleiche Größe haben. Der Kokonfaden ist so dünn, dass er natürlich sehr leicht reißt; und wenn das passiert, muss ein weiterer Thread angefügt werden. Auch die innere Seide des Kokons ist feiner als die äußere; Wenn also nicht darauf geachtet wird, Fäden hinzuzufügen, wird die aufgewickelte Seide unregelmäßig sein. Das Wasser muss außerdem gerade warm genug sein, um das Zahnfleisch weich zu machen, aber nicht zu heiß.

Die Seide wird von der Rolle abgezogen und die Stränge in Ballen gepackt, als ob sie nicht mehr wert wäre als . Tatsächlich sieht es bei weitem nicht so hübsch und attraktiv aus wie ein Schoß aus reiner weißer Baumwolle, denn er ist steif und gummiartig und hat kaum Glanz. Nun wird es an den Hersteller geschickt. Es wird mehrere Stunden lang in heißem Seifenwasser eingeweicht und zwischen Platten gezogen, die so dicht beieinander liegen, dass sie zwar die Seide durchlassen, aber nicht das geringste bisschen Rauheit oder Schmutz durchlassen. Wenn der Faden reißt, fällt ein winziger „Faller", wie er in Baumwollspinnereien verwendet wird, herunter und stoppt die Maschine. Die Seide muss nun gedreht, zwei oder drei Prozessen unterzogen werden, um ihren Glanz zu erhöhen, und gefärbt werden – und wenn Sie das Gefühl haben möchten, einem Regenbogen einen Besuch abzustatten, gehen Sie in eine Mühle und beobachten Sie die Webstühle mit ihren Bewegungen glatte, brillante Seide in allen erdenklichen Farben. Nachdem die Seide gewebt ist, wird sie auf Glanzmaschinen poliert, angesengt, um alle freien Fasern oder Flusen zu zerstören, von allen Fäden befreit, die möglicherweise hervorstehen, und gereinigt, wenn sie eine helle Farbe hat; dann verkauft.

Klicken Sie hier, um eine größere Version dieses Fotos zu sehen.

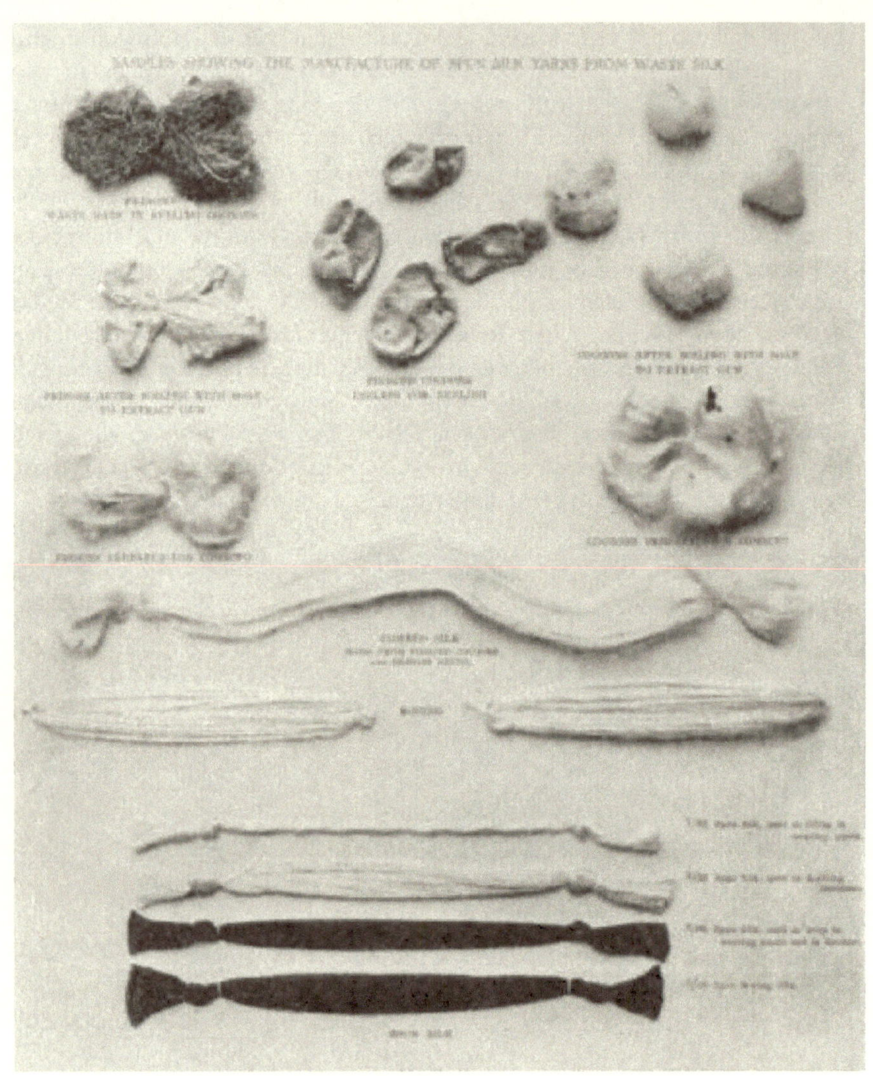

Mit freundlicher Genehmigung von Cheney Bros.

WIE GESPONNENSEIDE HERGESTELLT WIRD

Jeder Hersteller spart alles, was er kann, und sogar die Abfallseide, die nicht auf Spulen aufgewickelt werden kann, wird in ein verkaufsfähiges Produkt umgewandelt

Die Motte, deren Kokon den größten Teil unserer Seide liefert, wird „Bombyx mori" genannt. Es gibt jedoch auch andere, und aus einigen dieser Seidenstoffe werden Tussah-Seide, Yamamai -Seide und Shantung-Pongee gewebt. Diese wilden Motten produzieren einen stärkeren Faden, der jedoch viel weniger glatt ist als der des Bombyx.

Es gibt auch eine große Menge an „Holzseide" oder Kunstseide auf dem Markt. Dazu wird Holzzellstoff in Äther gelöst und durch feine Düsen in Wasser gespritzt. Es ist bald hart genug, um zu Fäden gedreht und gewebt zu werden. Es handelt sich um eine Seidenimitation, die hell und glänzend ist, sich aber nicht so gut trägt wie die Seide der Seidenraupe. Dennoch wird es für viele Zwecke als Ersatz für Seide verwendet und viele Zöpfe und Geflechte werden daraus hergestellt. Dann gibt es noch die „merzerisierten" Waren, die oft echter Seide ähneln, obwohl sie keinen Seidenfaden enthalten. Vor vielen Jahren wurde entdeckt, dass ein Stück Baumwollstoff, wenn man es in Natronlauge kocht, weich und dick wird und empfindlichere Farbstoffe besser aufnehmen kann. Leider ist es auch stark geschrumpft. Endlich kam jemand auf den Gedanken, dass man das Tuch vor dem Schrumpfen bewahren könnte, wenn man es beim Kochen in Soda ausdehnte. Er war begeistert, als er feststellte, dass dieses Verfahren die Seide brillanter machte als viele andere Seidenarten.

Oft werden die Fäden verwendet, mit denen der Kokon am Strauch befestigt ist, und die im Herzen des Kokons, zusammen mit den Fasern von Kokons, durch die die Würmer nach draußen gelangt sind. Das ist natürlich echte Seide, aber sie besteht aus kurzen Fasern, die nicht gewickelt werden können. Es wird kardiert, gesponnen und zu einem Stoff namens „gesponnene Seide" verarbeitet, der häufig für schwerere Warenklassen verwendet wird. Auch Seide wird oft „beschwert"; das heißt, kurz vor dem Färben werden Eisen- oder Zinnsalze zugesetzt. Ein Pfund Seide absorbiert zwei oder drei Pfund dieser Chemikalien und wird scheinbar eine schwere Seide sein, obwohl sie wirklich dünn und schlecht ist. Darüber hinaus reibt dieses metallische Gewicht an der Seidenfaser und schon bald entstehen geheimnisvolle Löcher. Ein kluger „chemischer Reiniger" wird mit solchen Seiden nichts zu tun haben, damit er nicht für diese Löcher verantwortlich gemacht wird. Es ist diese Beschwerung, die das eigentümliche Rascheln von Taft erzeugt; Und wenn Frauen mit einem weichen und dünnen Taft zufrieden wären, würden die Hersteller gern auf Eisensalze verzichten und die Seide würde sich viel besser tragen lassen. Baumwolle wird selten mit dem Seidenkettfaden vermischt; aber es wird als „Füllung" in einer großen Klasse von Waren mit Seidenkette verwendet. Es ist der Brauch entstanden, solche Waren mit „Seide" zu bewerben, was natürlich keine angemessene Beschreibung dafür ist. In der Werbung wird manchmal auf erstaunliche Verkäufe von „Shantung-Pongee" hingewiesen, das in amerikanischen Webstühlen hergestellt wurde und sich stark von der importierten „Wildseide"-Pongee unterscheidet.

Wie kann eine Frau bei so vielen Scheinprodukten auf dem Markt wissen, was sie kauft und ob es ankommt? Es gibt ein paar einfache Tests, die hilfreich sind. Entwirren Sie ein Stück Seide und untersuchen Sie Kette und Schuss. Wenn sie nahezu gleich groß sind, ist die Wahrscheinlichkeit, dass die Seide reißt, geringer. Sehen Sie, wie stark der Faden ist. Einen Thread verbrennen. Wenn es mit einer kleinen Flamme brennt, ist es Baumwolle. Wenn es sich zusammenrollt und nach verbrannter Wolle riecht, handelt es sich wahrscheinlich um Seide. Ein weiterer Feuertest besteht darin, ein Stück der Ware zu verbrennen. Wenn es Seide ist, kräuselt es sich; Wenn es stark belastet wird, behält es seine Form. Wenn Sie eine Probe in Kalilauge kochen, löst sich die gesamte darin enthaltene Seide auf, die Baumwolle bleibt jedoch zurück. Wenn die gesamte Probe verschwindet, können Sie sicher sein, dass es sich ausschließlich um Seide handelte. Weiche, fein gewebte Seide ist am sichersten, da sie nicht so viel Gewicht aushält. Crêpe de Chine besteht aus einem harten, gedrehten Faden und ist daher gut tragbar. Taft kann viel Gewicht tragen und ist immer fraglich; Es kann sich gut tragen, vielleicht auch nicht. Es gibt immer einen Grund für einen Schnäppchenverkauf von Seide. Das Geschäft möchte möglicherweise eine Sammlung von Restposten aussortieren oder eine Reihe von Waren loswerden, die nicht mehr transportiert werden sollen. Aber abgesehen davon liegt in der Regel ein Mangel an den Waren selbst vor, oder sie entsprachen nicht den modischen Launen des Augenblicks. Seide ist immer Seide, und wer sie will, muss dafür bezahlen.